KURT DIEMAN

Geschichten vom „Haus Österreich“

KURT DIEMAN

Geschichten vom „Haus Österreich"

1986
HERMANN BÖHLAUS NACHF. WIEN · KÖLN · GRAZ

ISBN 3-205-05020-7

Satz: werbegrafik gesmbh wien
Druck: Novographic Wien

Kurt Waldheim
zugeeignet
vom
Autor

Inhalt

Das „Haus Österreich“

Was ist das — das „Haus Österreich“? Schon früh nahmen die Habsburger, die zunächst, als sie den Babenbergern nachgefolgt waren, nicht überall in österreichischen Landen auf ungeteilte Sympathie stießen, diesen Begriff für sich in Anspruch. Vielleicht, um sich bei der Bevölkerung, die sehr wohl schon so etwas wie ein eigenes Landesbewußtsein entwickelt hatte, sympathisch zu machen. Auf dem Höhepunkt ihrer Macht angelangt, als in ihrem Reich „die Sonne nicht unterging“, identifizierten sie sich besonders stark mit diesem „Haus Österreich“. Diese Identifikation hielten sie bis zu ihrem Abgang von Thron und Herrschaft aufrecht. Die Mitglieder ihrer Familie nannten sich allesamt Erzherzoge und Erzherzoginnen von Österreich.

Heute ist das „Haus Österreich“ die Republik — unsere Republik. In diesem „Haus“ ist nach der „Hausordnung“ — der Verfassung — das Volk der „Souverän“, denn alles Recht geht von ihm aus. So wählt denn auch das Volk in freier, geheimer und direkter Wahl das Staatsoberhaupt, den Bundespräsidenten. Er ist eine Art „Hausvater“, nicht Hausherr. Er soll ein guter „Hausvater“ sein, damit es allen Hausbewohnern auch gut ergehe im gemeinsamen „Haus Österreich“.

Die Wahl des Bundespräsidenten ist deshalb für alle Österreicher eine wichtige Angelegenheit. Es geht dabei um das Wohl des „Hauses Österreich“. Grund genug, die Wahl gründlich zu überdenken und dabei vor allem dieses „Haus Österreich“ vor Augen zu haben, nicht irgendwelche „Nebenhäuser“, mögen sie noch so bedeutsam sein, wie etwa die politischen Parteien, die im demokratisch eingerichteten und geordneten „Haus Österreich“ eine wichtige Rolle spielen. Diese Rolle sollte nicht gering geschätzt werden. Aber es gibt Entscheidungen, bei denen mehr auf dem Spiel steht als noch so begreifliche und einsichtige Parteiinteressen: Nämlich das höhere Interesse des „Hauses Österreich“.

Was dieses „Haus Österreich“ bedeutet, und weshalb die Wahl des „Hausvaters“ — des Bundespräsidenten — so wichtig ist, müßte jedem Österreicher bewußt werden, wenn er vor das Haus hintritt, in dem der „Hausvater“ sein Amt ausübt. Hier ist ein guter Ort, die Wahl ernsthaft zu überlegen und aus dem Betrachten der Umgebung, dem Erwägen ihrer Geschichte so manche Anregung und vielleicht auch Entscheidungshilfe zu schöpfen.

Der Heldenplatz ist ein einzigartiges Stück Wiener Stadtlandschaft. Mehr noch: Er ist ein Stück österreichischer Landschaft. Sein Erscheinungsbild könnte den Schriftsteller Egon Fenz zu seinen schönen Gedanken über die wundersamen Beziehungen zwischen Kunst und Landschaft angeregt haben: „Vielleicht“, schreibt er, „ist es das innigste, das wahrhaft echte Kennzeichen jeder kulturellen, vor allem aber jeder musischen Schöpfung, daß in ihr etwas lebt, was man ‚innere Landschaft‘ nennen könnte. Jede Dichtung ist in diesem Sinne ‚Landschaftsdichtung‘, jede lebendige

Tonkunst ist Musik eines Landes oder einer Landschaft, und auch das, was wir Bildende Kunst nennen, wird erst zum magischen Erlebnis, wenn über die persönlichen Züge hinaus die Kräfte der Landschaft in ihm zu wirken beginnen."

Auf dem Wiener Heldenplatz wirken in den persönlichen Zügen dieses Platzes, seiner Bauten und Denkmäler die Kräfte der Landschaft: der Wiener Landschaft, der österreichischen Landschaft. Der Blick über diesen Platz ist einer der eindrucksvollsten, überwältigendsten, die sich einem für die Schönheiten architektonischer Räume empfänglichen Auge erschließen. Wer sich an diesen Blick verliert, dem klingt in seinem Inneren die Musik des „Hauses Österreich" auf.

Musik, von der Friedrich Nietzsche einmal sagte, daß sie „die eigentliche Idee der Welt" sei, umschlingt den gesamten Heldenplatz, durchdringt ihn von allen Seiten und führt auch zu dem Haus des „Hausvaters", zur Hofburg, hin. Der Heldenplatz — wahrscheinlich der schönste, bestimmt aber der originellste, „persönlichste" Platz aller Städte auf Erden — ist das städtebauliche Gegenstück zur wunderbaren h-moll-Symphonie Franz Schuberts, der „Unvollendeten".

Auch er ist ein Unvollendeter: Gerade das macht seine Schönheit, seine Einmaligkeit aus. Wäre er nämlich nach ursprünglichem Plan vollendet worden, und hätte sich vor dem Volksgarten noch ein zweiter Flügel der Neuen Burg an die alte angefügt, wäre dies keine gute Fügung für ihn gewesen. Indem der Heldenplatz eben nicht „geschlossen" wurde, sondern „offen" blieb, entstand das, was heute ein einzigartiges ,,Forum Austriacum", ein ,,Forum Viennense" darstellt: ein Raum, der den Geist bindet und freisetzt, der sich dem Land entgegenstreckt, der inmitten der Großstadt noch die Natur erreicht und mit dem Blick zu den Wienerwaldbergen — ,,Hast du vom Kahlenberg das Land dir rings besehen..." — das ganze Österreich mitten in seine Hauptstadt hereinholt und den Menschen, die sich hier aufhalten, nahebringt und ans Herz legt.

Der Mann, der in der Hofburg das Amt des ,,Hausvaters" im ,,Haus Österreich" ausübt und vom Fenster seines Arbeitszimmers diesen Platz tagtäglich überschauen kann, muß ein Österreicher sein, der in allen Teilen des Heimathauses zu Hause ist. Er hat den Vorarlbergern und Burgenländern, den Oberösterreichern und Salzburgern, den Tirolern, Kärntnern und Steirern ebenso nahe zu sein wie den Niederösterreichern, den Wienern. Und noch eines: Was Österreich seinen Nachbarn signalisiert — Weite und Offenheit —, sollte durch ihn und seine Persönlichkeit noch verstärkt werden. Dies wäre ein Zeichen für alle, die einst ,,Hausgenossen" im selben Heimathaus waren: seine Botschaft vom Wiener Heldenplatz, über alle Grenzen hinaus.

In der Hofburg

Das Haus des „Hausvaters" ist ein ganz besonderes Inbild des „Hauses Österreich". Musik ist in diesem Haus daheim gewesen durch Jahrhunderte — und ist es heute noch. Diese Wirklichkeit mag für Wien, die Stadt der Musik, und für Österreich, das Land der Musik, kein bloßer Zufall sein. Die große musikalische Geschichte, die das Haus des österreichischen Staatsoberhauptes bindet, kann darüber hinaus auch als Fingerzeig in Richtung Politik gedeutet werden.

Nicht daß, um das Wort Nietzsches abzuwandeln, die Politik etwa „die eigentliche Idee der Welt" wäre: sie ist weit eher die uneigentliche Reflexion derselben. Aber man kann sich auch durch sie dieser „eigentlichen Idee der Welt" nähern. Freilich bedürfte es dazu einer Politik — einer leider kaum anzutreffenden Politik —, die das musische Element und die Kräfte der Phantasie in ihre Entwicklung einbindet. Kunst und Politik haben — so befremdlich dies zunächst klingen mag — etwas Gemeinsames: das Kreative. Ohne Kreativität — musische, von der Phantasie beflügelte — kommt Kunst, die Anspruch darauf erheben kann, als solche zu gelten, ebensowenig zustande, wie es auch unmöglich ist, eine Politik zu machen, die über bloße Tagespolitik, welche keiner größeren schöpferischen Kräfte bedarf, hinausgeht.

In der Wiener Hofburg residierten einst Kaiser, die nicht nur Kaiser, große Herrscherfiguren waren, sondern auch nicht minder große Künstler, Musiker, Komponisten, wie dies eben trefflich zu der Familie paßt, die sich den Begriff „Haus Österreich" zueigen gemacht hatte.

Kaiser Maximilian, der „letzte Ritter" und erste Schirmherr der Wiener Hofmusikkapelle, ließ sich von dieser — wie von einer Art musikalischer Garde — auf seinen Reisen durch die weiten habsburgischen Lande begleiten. In dem Buch vom „Weißkunig", das sein Sekretär Marx Treitzsauerwein von Ehrentreitz nach kaiserlichen Konzepten und Diktaten zusammenstellte und in dem sich Maximilian in Form einer Lebensgeschichte der Nachwelt präsentiert, heißt es: „Durch seinen Vleyss begriff er in kurzer Zeit den Grund des Gesangs und aller Saitenspiel. Und als er kam in sein gewaltig Regierung, hat er aufgericht ain söliche Canterey mit einem sölichen lieblichen Gesang von der Menschen Stym, wunderlich zu hören und söliche liebliche Herpfen von neven Werken und süessem Saitenspiel, das er alle Kunig übertraf."

Und Johannes Spießhaimer – genannt Cuspinianus –, des Kaisers weitgereister Diplomat, schreibt in seinem „Leben Maximilians": „Er war ein besonderer Liebhaber der Musik, was schon daraus hervorgeht, daß die vorzüglichsten Musiker unserer Zeit in jeder Art Musik und auf allen Instrumenten auf seinem Hofe wie auf einem äußerst fruchtbaren Acker gediehen und gleich den Pilzen nach einem Regen hervorsproßten." So scheint es Kaiser Maximilian gewesen zu sein, der den Wiener Boden kräftig mit Musik getränkt hat. Die reichste Ernte wurde seither durch Jahrhunderte hier eingebracht.

Für seine Hofkapelle bestellte der Kaiser deren ersten Kapellmeister: er war in Personalunion der achte Bischof von Wien. Im Frauenschiff des Stephansdomes steht er in prächtigem Ornat auf seinem gotischen Epitaph — eine imponierende Gestalt: Georg Slatkonia, der Slowene. In dieser einmaligen Personalunion manifestiert sich die Achse Kirche und Musik, die für das ,,Haus Österreich" von ähnlicher Bedeutung war wie eine andere Achse: die von Thron und Altar.

In der musikalischen Achse war auch Kaiser Ferdinand III. verwurzelt. In seiner innerösterreichischen Residenzstadt Graz, die sich so heiter dem Süden öffnet, genoß er eine gründliche Musikausbildung bei dem Italiener Giovanni Valentini. Er machte mit seinen eigenen Kompositionen den italienischen Stil in der Grazer und Wiener Hofmusikkapelle heimisch. In der Wiener Hofburg errichtete er eine ,,Höfische Akademie", deren Sitzungen durch reiche Musikdarbietungen verschönt wurden. Ferdinand kümmerte sich um die persönlichen Anliegen seiner Musikanten, um deren Ausbildung und Fortkommen; er achtete nicht nur aus landesherrlicher, sondern auch aus künstlerischer Verantwortung darauf, daß kein Unwürdiger in die von ihm gegründete ,,Musiker-Societät" aufgenommen wurde.

Sein Sohn Kaiser Leopold I., nach dem jener Trakt der Hofburg benannt ist, in dem sich die Amtsräume des Bundespräsidenten befinden, war ein äußerst fruchtbarer Komponist: Sein erhalten gebliebenes Oeuvre umfaßt 4 Opern, 37 große Kirchenwerke, 9 weltliche Oratorien, 5 Bände Madrigale, 17 Bände Ballettmusiken, 150 kleinere weltliche Kompositionen und — gleichsam als Hinführung zu Mozarts „Zauberflöte" — 3 Singspiele in wienerischer Manier.

Dies stellt allein schon dem Umfang nach ein gewaltiges Werk dar, das zu schaffen der Kaiser in all den Jahren, die randvoll angefüllt waren mit Bedrängnissen ärgster Art, noch Zeit und Muße fand. In Leopolds Regierungszeit fielen die schwersten Türkenkriege. Seine Begeisterung für die Musik kann freilich kaum als nachahmenswertes Beispiel für heutige Verhältnisse gelten, denn welcher Staatsmann seines Ranges könnte es sich leisten, wichtige Regierungsgeschäfte — und zu solchen gehörte gewiß auch die Abhaltung eines Landtages — kurzerhand zu vertagen, nur weil eine aus Italien angereiste Operntruppe ihre Eröffnungsvorstellung in der kaiserlichen Residenzstadt gab?

Leopolds Schaffenskraft wie auch die der drei anderen Kaiserkomponisten Ferdinand III., Joseph I. und Karl VI. erlahmte jedoch in der Nachkommenschaft. Josef II., der im Kontrolleurgang des Leopoldinischen Traktes seine öffentlichen, für jeden Bürger zugänglichen Audienzen gab, spielte noch vortrefflich Cello und sang einen hübschen Baß. Einmal versuchte er sich auch als Komponist und schrieb eine „Aria" als Einlage für eine Oper, wie dies damals italienischem Musikgebrauch entsprach. Er tat es allerdings „incognito". Nachdem sich jedoch die Sache in Wien, das seit je einem riesigen Kaffeehaus gleicht, allgemein herumgesprochen hatte, stellte der Kaiser seine kompositorische Tätigkeit für immer ein. Dafür ist er in zahllosen Volksstücken als „Deus ex machina“ zur Ehre der Bühnenaltäre aufgestiegen und als Vorbild für die Figur des Bassa Selim in Mozarts „Die Entführung aus dem Serail“ in die Musikgeschichte eingegangen.

Kein Geringerer als Carl Ditters von Dittersdorf berichtet in seiner spannenden, dem Sohn vom Krankenlager aus diktierten Selbstbiographie von einer Audienz bei Kaiser Josef im Kontrolleurgang der Hofburg. Er schreibt, daß man mit dem Kaiser „kurz, deutlich und dreist — ohne zu kriechen“ zu sprechen hatte. Ein schöner Ausspruch Josefs ist durch ihn auf die Nachwelt gekommen: „Einem Manne Gerechtigkeit widerfahren zu lassen, ist keine Gnade!“ Längere Zeit unterhielt sich der Kaiser bei dieser Audienz mit dem Komponisten, dessen Werke er gut kannte, über die anderen Meister des Metiers: Mozart, Haydn und Salieri.

Das für eine gewissenhafte Staatsführung vorbildhafte Wirken Kaiser Josefs und seine demokratischen Vorstellungen, denen er auch im Kontrolleurgang der Hofburg nachging, sind ebenso beispielhaft — auch für die Gegenwart —, wie der bescheidene, bewußt „bürgerliche“ Lebensstil des „guten Kaisers Franz“. Freilich: Seine Zwei-Zimmer-Wohnung im Schweizer Trakt der Burg als Muster für die Wohnusancen gegenwärtiger Politiker anzugeben, grenzt an Blasphemie. Dafür bleibt die praktizierte Musikliebe der Habsburger — auch Kaiser Franz spielte noch im Quartett des Badener Bürgermeisters Trost regelmäßig die Bratsche — als Stimulanz für das Kulturbewußtsein aller öffentlich Tätigen über den Wandel der Zeiten und die damit verbundenen Veränderungen und Verarmungen bestehen.

Da sich Kultur nicht im politikfreien Raum ereignet — es gibt einen solchen nur in sehr beschränktem Maße —, hat die Politik auch ihre große Verantwortung der Kultur gegenüber. Dies hat zunächst nichts mit dem zu tun, was man gewöhnlich „Kulturpolitik" nennt und zu dem Zweck betreibt, die Kultur in den Dienst der jeweiligen Politik zu stellen.

Ein guter Bundespräsident — ein guter „Hausvater" im „Haus Österreich" — sollte nicht allein kraft seines Amtes, wie es die „Hausordnung" (Verfassung) zuläßt, sondern vor allem mittels seiner Persönlichkeit die Anliegen der Kultur und damit diejenigen einer echten, schöpferischen Kulturpolitik mit großem Einsatz vertreten. Klagen über „saure Wiesen" und „Sümpfe" im öffentlichen Leben müßten auch verschiedentliche Bestrebungen einer Kulturpolitik ohne Kultur miteinbeziehen, die bedenkliche Auswirkungen auf den Zustand der Gesellschaft, auf die geistige und sittliche Umwelt, in der ein Volk lebt, zur Folge haben. Dies sollte den „Souverän" veranlassen, einen Mann in die Hofburg zu entsenden, von dem erwartet werden kann, daß er sich dort nicht nur als materieller, sondern auch als ideeller Umweltschützer bewährt.

Gerade die Erfüllung einer solchen Aufgabe setzt den Einsatz eines Maximums an originärer Kreativität in größtmöglicher Unabhängigkeit von Parteiraison und ähnlichen Präferenzen voraus. In jüngster Zeit haben die Österreicher erkannt, daß ihr Bundespräsident nicht zuletzt auch eine moralische Instanz darstellt, der als appellierendes Gewissen ein starkes politisches Gewicht innewohnt. Die moralische Instanz, die der „Hausvater" im „Haus Österreich" verkörpert, hat auch etwas mit einem Wächteramt gemein. Das Haus, in dem er dieses Amt ausübt, gibt aus seiner Geschichte — und auch da wieder vorwiegend aus seiner Kulturgeschichte — eine gute Antwort auf die Frage, worüber denn der „Hausvater" im „Hause Österreich" zu wachen habe.

Im Redoutensaal der Wiener Hofburg wurde einst das Friedenswerk des Wiener Kongresses mit der festlichen Aufführung von Ludwig van Beethovens Kongreßkantate „Der glorreiche Augenblick" vor drei Kaisern, zahlreichen Fürsten und sechstausend Zuhörern — eine für damalige Verhältnisse gewaltige „Masse Mensch" — gefeiert. Hier, wo später das erste Philharmonische Konzert unter Otto Nicolai stattfand und Gustav Mahler am Dirigentenpult stand, umjubelte das inzwischen zur musikalischen Legende gewordene Mozart-Ensemble der Wiener Staatsoper in den frühen Jahren des wiedererstandenen Österreich dessen gewaltiges Aufbauwerk.

Nur wenig mehr als hundert Schritte von der Präsidentschaftskanzlei entfernt, in jener Hofburgkapelle, die Kaiser Friedrich III. (AEIOU) in der Burg errichten ließ und wo einst der bischöfliche Kapellmeister Slatkonia seines musikalischen Hirtenamtes waltete, wo Paul Hofhaimer — der „König der Organisten" — und Anton Bruckner — der „Musikant Gottes" — die Orgel spielten, wo Franz Schubert und später Clemens

Krauss als Kapellknaben auf dem Chor sangen, versammeln sich Sonntag für Sonntag Wiener Philharmoniker, Sänger der Staatsoper und Wiener Sängerknaben, um die Messen der großen österreichischen Meister aufzuführen. Musikbegeisterte Menschen aus aller Herren Länder finden sich dazu ein und nehmen an diesem ,,Gotteslob'', diesem Lob Österreichs, teil. Hier, in diesem besonderen Stück des ,,Hauses Österreich'', läßt sich nicht nur aus der Vergangenheit lernen, sondern auch in ununterbrochener Gegenwart erleben, was dieses Österreich der Welt an unvergleichlichen Werten geschenkt hat und immer wieder mit großer, sich stets erneuernder Kraft anbietet. AEIOU — Austria erit in orbe ultima!

Ein solches Anbot setzt seine Zeichen inmitten aller Ängstigungen und Verwirrungen der Menschen von heute. Es steht auch symbolhaft für das Ansehen des ,,Hauses Österreich''. Über dieses Ansehen — unser aller Ansehen — sind durch verschiedene Ereignisse der jüngsten Zeit — hoffentlich nur vorübergehend — Schatten gefallen. Dies unterstreicht nur die Wichtigkeit der Wahl des ,,Hausvaters''. Von ihm wird mit Recht erwartet, daß er das Ansehen Österreichs vor aller Welt vollständig wiederherzustellen hilft. Sein eigenes internationales Ansehen kann dabei entscheidend mitwirken.

Im ,,Rosenzimmer'' des einstigen Maria-Theresien-Appartements, wo sich heute die Amtsräume des Bundespräsidenten befinden, steht eine wunderliche Uhr aus der Barockzeit: eigentlich ein Musikinstrument mit eingebautem Spielautomaten, die sogenannte ,,Kaiserliche Vorstellungsuhr". Das Werk des Darmstädter Hofmechanikers Ludwig Knaus — bei der Herstellung des Gehäuses wurden 50 Kilogramm reines Silber verarbeitet — stand hundert Jahre still und konnte erst nach dem Zweiten Weltkrieg von einem Wiener Uhrmacher wieder in Gang gebracht werden. Heute funktioniert es klaglos, und die Gäste, die zum Bundespräsidenten kommen, bestaunen das dekorative mechanische Kunstwerk. Indem es den Hausherrn an den unentrinnbaren Fluß der Zeit gemahnt, will es ihn auch auffordern, keine Zeit zu verlieren, um alles für die Wiederherstellung des österreichischen Ansehens einzusetzen.

Das Geheimnis zweier Bilder

Neben der „Vorstellungsuhr“ gebührt zwei großen Wandgemälden im Arbeitszimmer des Bundespräsidenten — einst auch Arbeitszimmer Kaiser Josefs II. — erhöhte Aufmerksamkeit. In doppelter Hinsicht sind diese Bilder ein Talentspiegel: Zum ersten wegen des dargestellten Ereignisses, zum zweiten wegen der interessanten Geschichte, die sich mit seiner Enthüllung verbindet.

Das eine Bild zeigt vier Mädchen, die sich in antiker Götterkleidung, nach Rokokomanier stilisiert, durch eine romantische, kulissenhafte Berglandschaft bewegen. Das andere stellt den dichtbesetzten Zuschauerraum eines kleinen höfischen Theaters dar: Links vorne der Orchestergraben; ein junger Herr in kostbar besticktem Gewand und mit Perücke dirigiert vom Cembalo aus, wie das zu jener Zeit Sitte war und auch von Mozart noch praktiziert wurde; rechts ein Ausschnitt der Bühne, auf der wieder die vier Mädchen agieren.

Der Inhalt des Dargestellten war längst in Vergessenheit geraten. Dies ließ den seinerzeitigen Bundespräsidenten Dr. Adolf Schärf, einen musisch interessierten feinen Herrn, nicht ruhen, ihm doch noch auf die Spur zu kommen. Er entdeckte zunächst die Identität der vier auf dem einen wie auf dem anderen Bilde gezeigten Mädchen. Dann veranlaßte ihn die Dekoration der Bühne, die deutlich einen Berg erkennen läßt, auf welchem Pegasus eine Quelle aus dem Boden stampft, in alten Textbüchern und Partituren zu forschen. In den Fußstapfen eines zünftigen Theaterwissenschafters — das Theaterwissenschaftliche Institut befindet sich gleichfalls in der Hofburg — stieß Schärf schließlich auf das Geheimnis der Bilder und enthüllte es:

Sie zeigen nichts anderes als die Uraufführung von Christoph Willibald Ritter von Glucks Oper „Il Parnasso Confuso", die am 24. Jänner 1765 in der eigens in ein kleines Theater verwandelten kaiserlichen Antichambre von Schönbrunn stattfand. In der Rolle des Gottes Apollo und der Musen Erato, Euterpe und Melpomene sind die vier Töchter Maria Theresias Amalie, Charlotte, Elisabeth und Josepha zu sehen. Der am Cembalo sitzende und die Aufführung leitende junge Herr ist niemand anderer als der spätere Kaiser Leopold II.

Ein wahrhaft zweifacher Talentspiegel: Hausaufführungen von Opern und Konzerten waren einst am Kaiserhof des „Hauses Österreich" und in vielen Adelshäusern nichts Ungewöhnliches. Sie konnten, da musikalisch gebildete Hausgenossen hinreichend zur Verfügung standen, gleichsam in „familiärem Eigenbau" bewältigt werden. Im Orchester wirkten meist Bediente mit, was derartigen feudalen Festivitäten einen beinah demokratischen Anstrich verlieh. Und ein hoher Politiker, ein Bundespräsident, der neben seinen vielfachen, höchst beanspruchenden Verpflichtungen noch Zeit für kulturelle Liebhabereien und eine ernstzunehmende Forschungsarbeit erübrigt, das ist schon etwas Bemerkenswertes und vielleicht auch für das „Haus Österreich" Bezeichnendes. Karl Renner zum

Beispiel verfaßte sprachlich meisterhaft gestaltete, wenn auch mitunter ein wenig pathetische Gedichte. Letzteres mag am Stil der Zeit und an einer gewissen persönlichen Neigung des Verfassers gelegen gewesen sein. Wichtig ist, daß auch im Leben eines Politikers das Musische einen gebührenden Platz einnimmt und die Muße nicht zu kurz kommt, die sich jedermann zumindest gelegentlich gönnen sollte, um nicht innerlich zu verarmen.

Der Dominikanerpater Dr. Basilius Streithofen — offenbar ein politisch interessierter Mann, sonst wäre er nicht Berater des deutschen Bundeskanzlers Kohl — hat die Führungsprinzipien seines Ordens, der im Laufe seiner Geschichte neben starken theologischen Ambitionen auch solche politischer Natur hegte, allen sogenannten „Eliten" empfohlen. Die sieben dominikanischen Kardinaltugenden sind: Treue, Tapferkeit, Augenmaß, Askese, Muße, Wahrhaftigkeit und Unbestechlichkeit. Die vier „klassischen" Kardinaltugenden der katholischen Moraltheologie — Klugheit, Gerechtigkeit, Mäßigung und Starkmut — werden noch durch eine Reihe weiterer „Hauptfertigkeiten des sittlichen Lebens" (moraltheologische Formulierung) ergänzt. Daß die Muße gleich nach der Askese und vor der Wahrhaftigkeit angeführt wird, gibt einen gewissen Hinweis auf ihren Stellenwert im Tugendkatalog des „Ordo praedicatorum".

Bei der Wahl des „Hausvaters" könnte es für alle Angehörigen des „Hauses Österreich" reizvoll sein, die Kandidaten zu prüfen, inwieweit sie geeignet scheinen, die sieben dominikanischen „Kardinaltugenden" in ihrem Leben und in der Führung ihrer politischen

Geschäfte anzuwenden. Eine derartige Prüfung wäre unter Umständen eine bessere Entscheidungshilfe als bloß vordergründige politische oder gar parteipolitische Überlegungen. Was die Unbestechlichkeit betrifft, so sollte nicht nur die materielle Seite dieser Tugend zu beachten sein: es gibt auch eine ideelle. Darunter ist eine mit Treue zu sich selbst und Tapferkeit (Starkmut) gegenüber der Umgebung geübte geistige — und damit auch politische — Unabhängigkeit zu verstehen.

Mit dem an dritter Stelle genannten Augenmaß verbindet sich ebenfalls wieder ein aktueller Gedanke: In letzter Zeit ist da und dort die Forderung erhoben worden, das Amt des Bundespräsidenten mit erhöhten Kompetenzen auszustatten und die Amtszeit des Staatsoberhauptes zu verlängern. Als Begründung wurde der Wunsch nach mehr Kontinuität — vor allem im Interesse von Kunst und Wissenschaft — angegeben.

Die Wahrung von Kontinuität gehört sehr wohl zu den wichtigsten politischen Aufgaben des „Hausvaters" im „Haus Österreich". Bei ihrer Erfüllung kommt es aber mehr auf das persönliche Engagement als bloß auf Kompetenzen an. Dieses persönliche Engagement bedarf — um sich günstig auswirken zu können — einer ausgewogenen Mischung von Augenmaß und — geistiger und politischer — Unbestechlichkeit (Unabhängigkeit). Die Kompetenzen des Bundespräsidenten sind nach gegebener Rechtslage durchaus ausreichend; sie bedürfen keiner Ausweitung, am wenigsten in Richtung einer „Präsidentendemokratie". Sie bedürfen nur entsprechender Ausschöpfung, getragen von der zweiten dominikanischen „Kardinaltugend", der Tapferkeit.

Hervorragende Österreicher

An die Tapferkeit, ohne die sich im Leben — und damit auch in der Politik — nichts meistern läßt, erinnern in der Mitte des Heldenplatzes, zwischen Neuer Burg und Volksgarten, Präsidentschaftstrakt und Heldendenkmal, die beiden Reiterstandbilder des Prinzen Eugen und des Erzherzogs Karl. Sie sind das Werk des berühmten, zu Erfurt geborenen und nach Wien zugewanderten Bildhauers und Erzgießers Anton Dominik Ritter von Fernkorn. Er hat auch den Sandsteinlöwen von Aspern und das Denkmal des kroatischen Generals Josef Graf Jellacić de Buzim in Agram geschaffen. Jellacić, in seinen Mußestunden Dichter, bekannte sich als erster in der Geschichte als „Großösterreicher". 1848 wollte er — was in historischer Rückschau durchaus einsichtig erscheint — „das ganze deutschnationale Wien in den Narrenturm sperren".

Ein Großösterreicher — ein ganz Großer der Geschichte — war wohl auch Prinz Eugen. Symbolhaft steht er für alle hier, in der Mitte des Wiener Heldenplatzes, die — aus der Fremde kommend — in den Dienst des „Hauses Österreich" traten. Es waren nicht nur kriegerische, sondern hauptsächlich friedliche Dienste, die sie diesem „Haus" erwiesen. Die meisten von den „Zugereisten", den Wahlwienern und Wahlösterreichern, verschrieben sich mit aller Hingabe ihrer Talente jener „Österreichischen Idee", die ihrem Wesen nach nie eine kriegerische, erobernde, sondern eine friedliche, gewinnende, ausgleichende und versöhnende, Gegensätzliches zu fruchtbaren Synthesen verbindende war. Diese ,,Österreichische Idee" schuf jenes alte Großreich in der Mitte Europas, das trotz aller tragischen, seinen Zusammenhalt und seinen Bestand gefährdenden und schließlich — zum Unglück Europas — zerstörenden Spannungen bis heute das einzig real existierende Modell für ein ,,Vereintes Europa" geblieben ist.

Leopold I., der große Komponist auf dem Kaiserthron des ,,Hauses Österreich", war es gewesen, der in der Heimsuchung der Türkenkriege die ,,Österreichische Idee" in Gestalt eines ausgeprägten, eigenständigen Staatskonzeptes erstmals über die bereits an den Rand der Zeit geratene ,,Deutsche Reichsidee" — hergeleitet vom ,,Heiligen Römischen Reich Deutscher Nation" — stellte. In diesem Sinne war er ein wichtiger Wegbereiter jenes österreichischen Nationalbewußtseins, das aus dem Unheil der deutschen Herrschaft und des Unglücks des Zweiten Weltkriegs wie ein Phönix aus der Asche erstehen sollte. Wer heute noch, nach den Jahren 1938 und 1945, die Existenz der österreichischen Nation leugnet und die Österreicher gegen das Empfinden ihrer überwältigenden Mehrheit und gegen jegliche historische Erfahrung und Entwicklung in eine großdeutsche ,,Volksgemeinschaft" heimführen möchte, dem kann nur noch mit der Empfehlung des ,,Großösterreichers" Jellacić de Buzim von anno 1848 begegnet werden.

Ehe ein weiterer Rückschluß auf den ,,Hausvater" im ,,Hause Österreich" und dessen Wahl durch den

,,Souverän" des ,,Hauses" gezogen werden soll, sei noch eine musikalische Erinnerung eingeblendet, die sich beim Prinz-Eugen-Denkmal einstellt: Wieder ein — wenn auch nur vorübergehend — nach Wien Zugereister, nämlich der Deutsche Carl Loewe, der es sich — wegen des Publikums, das er hier fand — einmal wünschte, ganz in Wien leben und schaffen zu können, nahm das berühmteste österreichische Soldatenlied, das Lied vom Prinzen Eugen, zum Vorwurf für eine seiner schönsten Balladen. Diese Ballade hat einen echt österreichischen Schluß: den stillen, heimlichen Gang — das ,,Schleichen" — des Trompeters durchs nächtliche Heerlager zur Marketenderin.

Bei der Wahl des ,,Hausvaters" gibt es für den Wähler kein Herumschleichen um die Kernfrage österreichischer Identität und Existenzbehauptung: Wie hältst du es, der du dich für das höchste Amt in diesem Staate, im ,,Haus Österreich", bewirbst, mit dem Fundament des ,,Hauses": dem österreichischen Nationalbewußtsein? Wirst du immer, auch schon im Wahlkampf, den du führst und der um dich geführt wird, zu dem stehen, was du selbst gewiß auch für recht und richtig hältst? Oder wirst du in den Fehler der Parteien verfallen, um der lieben Stimmen willen, die dir und ihnen gar nicht lieb sein sollten, jenen zu Munde zu reden, für die Österreich nur eine Ausrede ist, weil sie ,,national" sind: deutschnational und nicht österreichischnational?

Eine solche Schwäche dürfte sich der Bundespräsident nie leisten. Als ein über Tages- und Parteipolitik Stehender hat er ein Vorkämpfer — mehr noch: wenn möglich fast so etwas wie eine ganz persönliche Inkarnation — der Österreichischen Idee zu sein, wie sie sich, wurzelnd in der österreichischen Geschichte, auch heute noch in Gestalt der Republik und im Leben ihres Volkes darstellt.

Daß das Volk der Tänzer und der Geiger, der Genießer und der Gernleber, dessen höchste Philosophie sich mitunter in dem jedermann entgegenkommenden und niemanden verletzenden „Leben-und-leben-Lassen" zu erschöpfen scheint, auch kämpferische Qualität zu entwickeln vermochte — der zum Österreicher gewordene Prinz Eugen und der ihm von der gegenüberliegenden Seite des Heldenplatzes auf seinem Roß entgegenreitende Mann mit der Fahne in kühn erhobener Hand, der Stocköstereicher Erzherzog Karl, bezeugen es. Als erster Sieger über den unbesiegbar scheinenden Napoleon steht dieser „Herr Karl", der kein „Herr Karl" war, für alle auf diesem Platz, die für Österreich, sein Volk und seine Freiheit — und nicht zuletzt für den Frieden — gekämpft, geopfert, gelitten und gesiegt haben: von einem Stephan Fadinger über Andreas Hofer bis hin zu Roman Scholz und Franz Jägerstätter.

„Heimat bist du großer Söhne." Dieses Wort von Paula von Preradović, dem alten Freimaurerlied unterlegt, das — Wolfgang Amadeus Mozart zugeschrieben — heute als österreichische Bundeshymne gesungen wird, läßt sich auf so manchen hervorragenden Österreicher beziehen. Nur sollte es nicht aus propagandistischen Gründen zur Täuschung des „Souveräns" mißbraucht werden. Erzherzog Karl war ein solch großer Sohn der

Heimat, ein „hervorragender Österreicher", wie sein Gegenüber auf dem Heldenplatz, der Prinz Eugen.

Der Sieger von Aspern war auch ein „echter Österreicher" — gleichfalls eine (wenn auch schon „historische") Wahlkampfformel. Er leitete seine Selbstbiographie mit den denkwürdigen Worten ein: „Ich wurde mit einem empfindlichen Herzen geboren." Wiederholt wurde er von Anfällen eines schweren Nervenleidens geplagt: dennoch war er pflichtbewußt bis zur Selbstaufopferung. Für die „moralische Stärke" erschien ihm „die Erhebung guter Gefühle" wichtiger als „die tiefsten Einsichten in das Wesen der Tugend". Ein echt österreichisches Wort eines „hervorragenden Österreichers".

Angesichts des Mannes mit der Fahne in der Hand — des Siegers von Aspern — hätten sich die Österreicher bei der Bundespräsidentenwahl auch die Frage zu stellen und nach bestem Gewissen zu beantworten: Wird der Mann ihrer Wahl auch diese Fahne, diese eine — die österreichische Fahne — und sonst keine jederzeit, in guten wie in bösen Zeiten, über dem „Haus Österreich" hochhalten? Nur wenn diese Frage klar und eindeutig mit einem „Ja" beantwortet werden kann, ist er des Vertrauens des ganzen Volkes — demokratisch untermauert durch den Entscheid der Mehrheit — würdig.

Außer Prinz Eugen und Erzherzog Karl, außer Stephan Fadinger und Andreas Hofer, Roman Scholz und Franz Jägerstätter hat Österreich noch viele Helden. Die unbekannten, namenlosen, die keiner anrufen kann und deren Heldentaten in keinem Geschichtsbuch aufscheinen, sind nicht kleiner und nicht geringer zu schätzen als die großen, deren Namen — hochgeachtet — in den Annalen der Nation glänzen. Sie rechtfertigen vor der „Humanitas universalis“, daß das „Forum Austriacum“, das „Forum Viennense“, daß dieser schönste Platz auf Erden Heldenplatz heißt und daß es hier auch ein eigenes Heldendenkmal gibt. Es wurde im Äußeren Burgtor, das sich in die Weite des Raumes einfügt, nicht als Begrenzung, vielmehr als Element der Öffnung und Verbindung, in krisenhafter Zeit (1933—1934) als solches eingerichtet und gestaltet.

„Justitia regnorum fundamentum"

Die Inschrift über dem Tor, das keine Funktion mehr als solches hat, begleitet mit ihrem Appell alle, die in den Heldenplatz eintreten: „Justitia regnorum fundamentum". Das ist die Maxime jeder Staatsordnung, die Anspruch darauf erheben darf, als Ordnung zu gelten; das ist die Maxime auch jeder Staatskunst, die nur einen Dienst kennt, den Dienst am einzelnen Staatsbürger — den Dienst am Menschen. Der erste Staatsdiener in der Hofburg hat sich dieser Maxime zu verschreiben mit dem ganzen Einsatz seiner Persönlichkeit. Je stärker, ausgeprägter, durch vielfache Erfahrungen gereifter diese Persönlichkeit ist, desto mehr können die Bürger damit rechnen, daß der „Erste Bürger" dieses „Justitia regnorum fundamentum" beherzigt und sich dazu bekennt — in Wort und Tat. Die österreichische Verfassung — die gute „Hausordnung" des „Hauses Österreich" — gibt ihm dazu vielfache Möglichkeiten.

Um sie alle richtig auszuschöpfen, bedarf es eines ständigen Bemühens um vier Eigenschaften, die draußen, vor dem Heldendenkmal, in allegorischen Figuren an den vier Ecken des Maria-Theresien-Denkmals dargestellt sind. Wie eine Windrose markieren sie die Orientierung für jedes gute politische Handeln: Weisheit, Kraft, Gerechtigkeit und Milde.

Dieses Denkmal — das großartigste Werk der plastischen Kunst der Gründerzeit, an dem Caspar von Zumbusch, ein gleichfalls wieder aus Deutschland stammender Wahlwiener, dreizehn Jahre lang gearbeitet hat — macht auf imposante Weise sichtbar, was unter österreichischem Heldentum im besonderen zu begreifen ist: Rund um die Feldherren Daun, Traun, Laudon und Khevenhüller versammeln sich weise Männer und Humanisten, Gelehrte und Künstler — Symbolfiguren der österreichischen Aufklärung mit deren sympathischen, von Weisheit und Augenmaß geprägten Zügen: Kaunitz, Bartenstein, Sonnenfels, van Swieten, Gluck, Haydn und — als Inkarnation des österreichischen Wesens, wie es sich in seiner begnadetsten Erscheinung der Welt offenbarte — Wolfgang Amadeus Mozart in schutzengelhafter Kindergestalt.

Zu diesem Denkmal kann der „Hausvater“ im „Hause Österreich“ vom Fenster seines Arbeitszimmers jederzeit hinüberblicken. Es führt ihm eindrucksvoll vor Augen, daß dieses kleine Land von heute — Überrest des großen Reiches von gestern — noch immer die Stellung einer kulturellen Großmacht behauptet und als solche über alle möglichen Krisen hinaus auch morgen noch einen großen Auftrag zu erfüllen hat: einen nationalen, einen europäischen, einen kosmopolitischen Auftrag. Je mehr der Mann in der Hofburg auch Weltmann — in des Wortes allerbester Bedeutung — ist, desto mehr wird es ihm gelingen, diesen Auftrag auch in der Politik zu repräsentieren. „AEIOU“: „Austria erit in orbe ultima“ — Österreich wird sein bis ans Ende der Zeiten. Und zwar, weil es diesen Auftrag zu erfüllen hat: allen Untergangspropheten, manischen Krankbetern und krankhaften Kultur- und Allerweltspessimisten zum Trotz.

Was dieses Österreich nicht alles zu überstehen hatte und überstanden hat, das stattliche Palais am Rande des Heldenplatzes, einst als „Geheime Hofkanzlei" von Johann Lukas von Hildebrandt erbaut und von Nikolaus von Pacassi erweitert, legt ein beredtes Zeugnis davon vor der Geschichte ab. Hier residierte der „Kutscher Europas", Fürst Metternich, und hielt die Zügel jenes Gespanns in festen Händen, das Österreich aus den Wirren der Napoleonischen Kriege heraus, durch den Rosengarten des Biedermeier mit seinen Düften und Dornen, mitten in eine Revolution hineinführte, von der sich nicht behaupten läßt, daß sie in allen ihren Folgen den Völkern im Herzen Europas nur Gutes gebracht hätte. Metternich, der zeitlebens sehr viel geschrieben hat — jeder Politiker seiner Bedeutung hat die Verpflichtung, zu schreiben —, überliefert in seinen Aufzeichnungen eine interessante „Momentaufnahme" des „guten Kaisers Franz", der offenbar auch manch guter Einsichten fähig war. Über sein Verhältnis zu Napoleon berichtet sein „Haus-, Hof- und Staatskanzler": „Wenn der Kaiser mit mir von ihm redete, nannte er seinen Namen jederzeit mit dem Ausdruck jener Geringschätzung, die er überhaupt allen Leuten bezeigte, welche er für Ideologen hielt."

Bei der Auswahl des „Hausvaters" für das „Haus Österreich" sollte der Wähler nicht davor zurückschrecken, dem Kaiser Franz — was die Ideologen anbetrifft — wenigstens bis zu einem gewissen Grad zu folgen. Geringschätzung muß dabei nicht unbedingt bestimmend sein: Es genügt ein moderiertes Maß an Vorsicht.

Noch ein Wort des Fürsten Metternich verdient in aktuellem Zusammenhang einige Beachtung: „Ich fühlte in mir die Pflicht und den Mut“, schreibt der Kanzler, „niemals den Umständen ein Opfer zu bringen, das ich nicht als Staats- wie als Privatmann vor meinem Gewissen verantworten könnte.“ Der Bürger, der zur Wahlurne tritt, ist in diesem Augenblick beides: Privatmann und Staatsmann. Als freier Bürger eines freien Staates trägt er Verantwortung für sich und das Gemeinwesen, den Staat, in dem er lebt.

Im Eckzimmer des ersten Stockwerks der einstigen Haus-, Hof- und Staatskanzlei (rechts vom Portal) wurde am 25. Juli 1934 der damalige Bundeskanzler Dr. Engelbert Dollfuß von einem der nationalsozialistischen Putschisten angeschossen, die, als Soldaten getarnt, ins Bundeskanzleramt eingedrungen waren. Ohne ärztliche Hilfe und flehentlich erbetenen geistlichen Beistand verblutete er armselig auf dem Diwan. Das bittere Ende des Engelbert Dollfuß, des ersten prominenten Opfers eines unglaublichen, gegen Österreich, dessen Unabhängigkeit und den Frieden in Europa gerichteten Terrors, zeigt allen in der Politik Tätigen und an der Politik Interessierten mit großer Eindringlichkeit, wohin eine Spaltung des Volkes führt: Sie nützt immer nur jenen, die dem Volk als Ganzem nichts Gutes zufügen wollen.

Das Verhältnis von Engelbert Dollfuß zur Demokratie läßt sich nach heutigem Demokratieverständnis und ohne Berücksichtigung der außergewöhnlichen Umstände seiner Zeit nicht ohneweiters beurteilen. Zwischen jene Zeit und die unsere — obschon erst durch ein halbes

Jahrhundert voneinander getrennt — haben sich doch Welten geschoben. Aber ein Wort dieses österreichischen Politikers und Patrioten, dem ein politisch Andersdenkender, nämlich der (Edel-)Kommunist Bert Brecht, in seinem Lehrstück vom „Aufhaltsamen Aufstieg des Arturo Ui", ein in seiner künstlerischen und historischen Dimension großartiges, nur leider viel zu vielen Österreichern unbekanntes Denkmal gesetzt hat, kann heute noch Anspruch auf uneingeschränkte Gültigkeit erheben. Dollfuß hat es aus einer großen Zeit der österreichischen Geschichte, als es von Wilhelm von Hörnigk, Nationalökonom und Diplomat Leopolds I., ausgesprochen worden war, wiederaufgegriffen und als Maxime dem politischen Existenzkampf Österreichs vorangestellt: „Österreich über alles, wenn es nur will!"

Österreich hat nach Dollfuß, nach dem unglücklichen 11. März 1938 und nach den österreichischen Ostern von 1945, endlich ohne Einschränkung „wollen" gelernt: sich selbst zu wollen, an sich selbst zu glauben, ohne Zweifel und ohne selbstzerstörerisches Wenn und Aber. Dies ist die Botschaft aus dem Bundeskanzleramt, die sich an alle richtet — unabhängig davon, wer anstelle des Engelbert Dollfuß heute in diesem Schicksalshaus des „Hauses Österreich" die Geschicke des Landes lenkt. Diese Botschaft enthält auch eine Aufforderung an alle, die am Tage der Bundespräsidentenwahl zur Wahlurne treten, und eine Aufforderung an den Gewählten selbst. Sie lautet: Das „Österreich über alles!" ernst und buchstäblich zu nehmen.

Die „Hausordnung" des „Hauses Österreich" gibt aus echt demokratischem Geist allen Bürgern —

„Hausbewohnern“ — die Möglichkeit, bei verschiedenen Wahlen verschieden zu entscheiden. Präsidentschaftswahlen sind keine Nationalratswahlen, und diese wiederum sind keine Landtags- oder Gemeinderatswahlen. Die meisten Wahlergebnisse der Zweiten Republik machen deutlich, daß die Österreicher sehr wohl diese Unterschiede zu nützen wissen.

Die Bundespräsidentenwahl ist eine ausgesprochene Persönlichkeitswahl. Wer es aus parteitaktischen Überlegungen unternimmt, sie direkt oder indirekt, offen oder verschleiert in eine Parteiwahl umzufunktionieren, der verstößt gegen den Geist der „Hausordnung“, den Geist der österreichischen Verfassung. Das jetzt von der einen, „roten“ Seite betriebene Spiel mit der „Schwarzen Katze“ (wenn der Kandidat X gewählt wird, dann kommt der Y und der Z) ist ebenso eine Perversion der Demokratie wie das frühere Spiel der „Schwarzen“ mit der „Roten Katze“ (wer die Sozialisten wählt, wählt die Kommunisten). Derartige Spielereien — je ernster sie betrieben werden, desto ärger! — zeigen von wenig Hochachtung vor der souveränen Entscheidung desjenigen, der im „Haus Österreich“ „Souverän“ ist: nämlich des Bürgers. Mißachtung und Mißbrauch des Bürgers, mangelnde politische und psychologische, dafür bloß taktische und propagandistische Einstellung ihm gegenüber haben in der Vergangenheit viel Unordnung ins „Haus Österreich“ gebracht. Daraus ist auch genügend Unheil für alle seine Bewohner erwachsen.

Das steile Dach und der verkürzte Turm der Minoritenkirche hinter dem Bundeskanzleramt setzen markante Zeichen in die vielfältige Kulisse rund um den Heldenplatz. Dieses Gotteshaus — heute Heimatkirche der italienischen Gemeinde in Wien — wurde anstelle eines kleinen Konvents der „Fratres minores" errichtet, die von den Babenbergern in deren Residenz gerufen worden waren. Den Grundstein für den Neubau legte der Böhmenkönig Ottokar Przemýsl. Durch ein halbes Jahrhundert — von 1569 bis 1620 — war die Minoritenkirche protestantisches Gotteshaus. 1683 verlor der Turm unter dem Beschuß türkischer Kanonen seinen Helm. Er wurde ihm nie wieder aufgesetzt. An den Karfreitagen der Jahre 1889 und 1890 erklangen hier in künstlerisch gestalteten Andachtsstunden erstmals Hugo Wolfs „Geistliche Gesänge". In den Jahren des Zweiten Weltkrieges versammelten sich unter der Kanzel, auf der der Schutzpatron Wiens, der Heilige Clemens Maria Hofbauer — einst Rektor der Minoritenkirche — gestanden hatte, viele Gläubige, um den großen, streitbaren Kanzelredner Otto Mauer zu hören. Nicht nur ihr christ-katholischer Glaube, auch ihre Liebe zum „Haus Österreich" hatte sie hierher geführt.

Aus der Geschichte der Minoritenkirche klingt der Ruf nach jener menschlichen Grundhaltung heraus, auf der alles — auch alles, was im „Haus Österreich" geschieht — aufbauen sollte: der Toleranz. Große Österreicher haben sich in allen Zeitläuften zu ihr bekannt, sie zu verwirklichen getrachtet: Kaiser und Fürsten, Politiker aller, nur nicht die Toleranz selbst leugnender und bekämpfender Richtungen, Gelehrte, Künstler — einfache Leute. Dem Leitfaden ihres

Lebens soll auch der „Hausvater“ verbunden sein. Schon in allen Auseinandersetzungen um seine Bestellung bietet sich ihm vielfache Gelegenheit, Toleranz zu üben und Toleranz zu fordern — zum Nutzen des „Hauses Österreich“.

Die Rede des Dichters

Der große österreichische Dichter des zwanzigsten Jahrhunderts, Anton Wildgans, hat vor etwas mehr als fünfzig Jahren tiefste Erkenntnisse vom „Haus Österreich" ausgesprochen, aus denen auch für heute — nicht nur für die damalige unruhige krisengeschüttelte Zeit — so manche Mahnung herauszuhören ist. Er tat es in seiner berühmten „Rede über Österreich". Ursprünglich war diese Rede als Einbegleitung einer Vorlesung anläßlich der Dezenniumsfeier des Gründungstages der Ersten Republik im November 1929 vor dem schwedischen König und Repräsentanten der Stockholmer Gesellschaft geplant. Wildgans erkrankte jedoch während der Reise, mußte absagen und sprach dann die Rede am Neujahrstag des Jahres 1930 vor dem Mikrophon der alten „RAVAG", der „Österreichischen Radio-Verkehrs-AG". Zweimal war Wildgans Direktor des Burgtheaters gewesen, das sich in der Rundschau über den Heldenplatz an das Bundeskanzleramt anschließt.

Die „Rede über Österreich" handelt in ihren markantesten Aussagen vom Wesen des österreichischen Menschen. Von ihm sagt Wildgans, daß er zu einem Menschen wurde, „der sich hineindenken konnte, ja hineindenken mußte in fremde nationale Gefühlswelten, in fremde Volksseelen". Und weiter heißt es da über den österreichischen Menschen: „So wurde er Völkerkenner, Menschenkenner, mit einem Wort Psychologe." Einige „Probleme", die nach dem Durchleben und Durchleiden zweier Weltkriege sowie eines halben und eines ganzen Staatsunterganges (November 1918, März 1938) eigentlich gar keine solchen mehr für das ,,Haus Österreich" sein dürften, verführen fast dazu, die wunderschönen Aussagen von Anton Wildgans im Grunde in Frage zu stellen und das Bild, das er vom österreichischen Menschen gezeichnet hat, als Fata Morgana erscheinen zu lassen.

Da gibt es noch immer Österreicher, die diese ,,Probleme", die keine sind, künstlich anschaffen, weil sie keine Psychologen und keine echten Patrioten sind. Ein Verbohren in Atavismen, in fast liebevoll gepflegte ,,Urängste" (Ängste vor Minderheiten), ist für sie immer noch ein billiger Ersatz für historische Lernbereitschaft und politische Denkfähigkeit. Vom Burgtheater her ruft sie über Gräber und Gräben eine Stimme an, die Stimme von Anton Wildgans, der ebenfalls ,,Urängste" kannte — freilich menschliche und nicht ,,nationale": ,,Psychologie ist alles! Und Psychologie ist Pflicht im Leben der Menschen und der Völker!"

Und wie zeitnah — auch auf die Bundespräsidentenwahl beziehbar — klingt noch immer, was dieser große Österreicher des weiteren über die Psychologie und den österreichischen Menschen kundgibt: ,,Das Unheil, das immer wieder in Gestalt von Kriegen und Klassenkämpfen die Welt überflutet, es stammt zumeist von dem Mangel an Psychologie, von dem fehlenden Willen zur Psychologie, von der Trägheit der Geister und der Herzen, die sich mit bloßen Gerüchten über den anderen begnügen, anstatt ihn zu erkennen und dadurch in seiner Wesensart, in seinen Leidenschaften, Empfindlichkeiten und Ansprüchen zu begreifen. Dieses Erkennen und Begreifen nun ist sozusagen die historische Natur des österreichischen Menschen."

Der Ruf „Zurück zur Natur!", der jetzt so oft — auch mißbräuchlich und mißverständlich — ertönt, bedarf aus Wildgansscher Perspektive einer für das „Haus Österreich" und dessen Zukunft wichtigen Ergänzung: „Zurück zur Natur des österreichischen Menschen!" Die Natur des österreichischen Menschen erhebt den Anspruch, auch in Wahlkämpfen — und da wieder vorrangig im Bundespräsidentenwahlkampf — mehr Berücksichtigung seitens der Wahlkämpfer zu finden. Hier geht es um einen Menschen, der für alle Menschen des Landes sein Amt ausüben soll. Hier geht es um menschliche, nicht nur um politische oder gar parteipolitische Dimensionen (und Dimensiönchen!). Hier geht es nicht zuletzt um die von Anton Wildgans beschworene Psychologie.

Was nützt es, wenn Kandidaten für das höchste Amt im Staate, die sich um das Vertrauen der Bürger bewerben, untereinander ein Verhalten versprechen, das eigentlich allein schon angesichts der Würde des erstrebten Amtes eine Selbstverständlichkeit wäre, ihre Mitarbeiter im Wahlkampf aber — allen voran Spitzenverantwortliche in Parteisekretariaten — dieses Versprechen Schritt für Schritt umgehen? Ein derartiges Verhalten sollte im guten Geist des „Hauses Österreich" am Wahltag das Gegenteil von dem bewirken, was mit allen Mitteln zu erreichen sich die „Vulgärwahlkämpfer" in den Kopf gesetzt haben...

Die Unfairen, Würdelosen, die A-Psychologen und Antipsychologen (im Sinne von Anton Wildgans) müßten ihre Rechnung ohne den Wirt — den Wähler — machen. Er, der Wähler, kann doch nicht einem Kandidaten vertrauen, der nicht in der Lage oder willens scheint, seine Mitarbeiter, Parteigänger und Freunde an das eigene — ehrenvolle — Versprechen zu binden. Der Wähler muß sich schließlich fragen, wie es um das Durchsetzungsvermögen eines solchen Kandidaten bestellt sein würde, wenn er — angenommen — durch sein Vertrauen „Hausvater" im „Haus Österreich" geworden sein sollte? Anstand und Würde, Treu' und Glauben in den Auseinandersetzungen rund um die Bundespräsidentenwahl aufzugeben hieße nichts anderes, als sich am „Haus Österreich" und seiner Kultur zu vergreifen. Dies sollte vor allem jenen Österreichern gesagt sein, die in besonderer Weise, etwa durch ihren Beruf, mit der Kultur verbunden sind.

In solchem Zusammenhang reizt es, noch länger beim Burgtheater zu verweilen und sich weitere wichtige Aussagen der großen Rede seines einstigen Direktors ins Gedächtnis zu rufen. Psychologie, nach dem Rat von Anton Wildgans, in die Politik einzubringen, bedeutet soviel wie Politik und Kultur miteinander zu verbinden: schöpferisch zu verbinden. Dadurch könnte aus einer Politik am Rande der Kultur eine Politik mit Kultur — wahre Kulturpolitik! — werden. Die Verquickung beider entspräche im wesentlichen Sinn dem Auftrag der Kultur, alle Lebensbereiche und Lebensäußerungen zu durchdringen.

Was der Dichter noch in seiner Rede, diesem zur

Magna Charta Austriae gewordenen Panegyricus, aussagt, hört sich auch wieder wie ein Hinweis auf aktuelle Auseinandersetzungen an: Zunächst stellt Wildgans fest, daß man dem österreichischen Menschen „einen gewissen Konservativismus und ein gewisses Zögern gegenüber dem Fortschritt und dem jeweils Neuen nachsagt". Daran schließt sich eine wichtige Erkenntnis: „Indessen, wem historisches Bewußtsein und Psychologie zum Instinkt geworden sind, der neigt dazu, nicht gleich in jedem Wechsel der Dinge einen Fortschritt zu erblicken; und wer alte Kultur besitzt, der beruht zu sehr in sich und ist seines Geschmackes viel zu sicher, als daß er in jedem Neuen alsogleich ein Evangelium vermutet. Ihm fehlt jene Barbarenfreude am Wertlos-Glitzernden, das sich für kostbar ausschreit, die protzige Lust der Kulturparvenus an den sogenannten Errungenschaften, die zumeist höchstens solche der Zivilisation sind, und er durchschaut so manchen Pofel und Schwindel, auf den die ewigen Heutigen, die nur wenig oder keinerlei Tradition über Bord zu werfen haben, pünktlich und reklamegläubig hereinfallen. Mag sein", so zieht Wildgans den logischen Schluß, „daß er nicht immer ganz ‚auf der Höhe der Zeit' einherschreitet, aber er wird dafür auch nicht so leicht in ihre Abgründe stürzen."

Was wird nicht heutzutage alles als „konservativ" verteufelt? „Konservativ" ist ein neues Schimpfwort geworden. Es wurde aus dem Geist einer Politik, die in jedem erhaltenden Bemühen schon das dunkle Wirken der „Reaktion" wittert, zu einem solchen gemacht. Auch in Verbindung mit der Bundespräsidentenwahl wird dieses Schimpf- und Schlagwort wieder eingesetzt, um das freie, vernünftige Urteil der Wähler zu erschlagen. Dabei wäre es im Grunde höchst einfach, die richtige Interpretation zu finden: Kein Geringerer als der „heilige Johannes von Bergamo" (Papst Johannes XXIII.) — fürwahr kein „Reaktionär"! — hat mit seinem biblischen Bild von der Glut und der Asche vorgegeben, was Konservativsein wirklich bedeutet: nämlich „die Glut und nicht die Asche bewahren".

So gesehen, muß der „konservative" Kandidat für das Amt des „Hausvaters" nicht schlechter sein als der wirkliche oder vermeintliche „progressive", dessen Progressivität noch lange keine Eintrittskarte in die Hofburg bedeutet. An der Glut dessen, was des Erhaltens wert ist, können sich beide wärmen — der „Konservative" und der „Progressive" — und mit ihnen alle Bewohner des „Hauses Österreich", das ohne diese Glut leicht in sibirische Kälte verfallen könnte.

Der Glaube an den Fortschritt hat in den jüngst vergangenen Jahren einen umwerfenden Wandel durchgemacht. Dieser Wandel verkürzt nichts von den Aussagen des Anton Wildgans über den österreichischen Menschen; er erweitert nur deren Gültigkeit auf ganz neue Gebiete. Zur Zeit, da die „Rede über Österreich" gehalten wurde, war der technische Fortschritt noch eine unbestrittene, nahezu von religiöser Verehrung umgebene Größe. Heute greifen wachsende Sorgen um sich, wohin dieser Fortschritt mit allen seinen Segnungen — die unbestritten bleiben sollen — die Menschheit noch führen könne. Der Glaube, vor den Pforten eines irdischen Paradieses angelangt zu sein, hat sich als Irrglaube erwiesen. An seine Stelle tritt, nicht ohne Grund, die Furcht — für manche sogar die lähmende Ahnung oder Gewißheit —, dem schrecklichen Abgrund des selbstbereiteten Weltunterganges nicht mehr entrinnen zu können.

Den Kräften der materiellen Selbstzerstörung gesellen sich solche des geistigen und kulturellen Selbstmordes bei. Beide fordern eine entschiedene Absage heraus. Das „Haus Österreich" war nie — und ist heute weniger denn je — eine „Insel der Seligen". Das war eine aus überfließender Liebenswürdigkeit vom Nachfolgerpapst Johannes' XXIII. gewählte Bezeichnung. Inzwischen hat die Erkenntnis Fuß gefaßt, daß jede Seligkeit dort endet, wo Unseliges — Unsägliches — an die Fundamente unserer natürlichen Existenz rührt.

Eine Marmortafel an der Rückwand des Burgtheaters erinnert daran, daß hier, an der Löwelbastei, wo sich später die Biedermeieridylle des „Paradeisgartels" niederließ, die letzten und heftigsten Angriffe der Türken auf Wien anno 1683 von tapferen, todesmutigen Wiener Bürgern abgewehrt wurden.

Der „Hausvater" im „Haus Österreich" ist laut „Hausordnung" auch Oberbefehlshaber des österreichischen Bundesheeres, das über die Sicherheit und Unversehrtheit Österreichs nach außen hin zu wachen hat. Verteidigungsbereitschaft und Verteidigungsfähigkeit gehören zu den Pflichten des neutralen Staates. Auch in dieser Beziehung hat das Staatsoberhaupt eine ernste Verantwortung zu tragen. Einen Teil dieser Verantwortung trägt jeder Staatsbürger — jeder Bewohner des „Hauses Österreich“ — mit. Das Heer ist in einer demokratisch geordneten Gesellschaft kein Fremdkörper. Es ist wiewohl ein militärisches — nicht militaristisches! — Instrument, doch als solches nichts weiter als eine „bürgerliche“ Institution.

Von tapferen Bürgern

Die Verteidigung Wiens 1683, der vor zwei Jahren anläßlich von Katholikentag und Papstbesuch illuster und spektakulär gedacht wurde, war eine einzige großartige Bürgerinitiative. Der Kaiser hatte Wien verlassen, vielleicht sogar schon aufgegeben. Wie sollte er hier noch unter den Kugeln der Belagerer musizieren? Die Bürger schlugen sich auf den Basteien. Das waren damals die Barrikaden ihres Freiheitskampfes. An ihrer Spitze stand, neben dem gelernten Militär Ernst Rüdiger Graf Starhemberg, ihr Bürgermeister Johann Andreas von Liebenberg, ein gelernter Rechnungsbeamter.

Von seinem Denkmal, nur wenige Gehminuten vom Heldenplatz entfernt, blickt er zur Wiener Universität hinüber, im Rücken das Beethovenhaus auf dem letzten, noch erhaltenen Stück der einstigen Mölkerbastei. Hier entstanden, die Kulisse der noch frei überschaubaren Wienerwaldberge vor den Fenstern — wie liebte Beethoven doch einen solchen Blick! —, die Vierte und Siebente Symphonie, die Dritte Leonoren-Ouvertüre und die „Eroica". Die Geschichte der letzteren ist bekannt: Der freiheitsbesessene „bürgerliche" Beethoven widmete sie dem Idol der „Liberalen" von damals, Napoleon Bonaparte, und zerstörte die Widmung, nachdem sich der Korse selbst eine Kaiserkrone aufs Haupt gesetzt hatte: „Jetzt ist er auch nichts anderes als ein gewöhnlicher Mensch! Nun wird er auch alle Menschen mit Füßen treten, nur seinem Ehrgeiz fröhnen. Er wird sich nun höher wie alle anderen stellen, ein Tyrann werden..." (Ludwig van Beethoven an Ferdinand Ries, 1804).

Als die Feuerringe des Krieges sich um Wien schlossen — 1529, 1683, 1809 — hatten die Bewohner der Stadt keine Möglichkeit, die Bürgerinitiativen ihrer Verteidigung nach dem heute gängigen „Florianiprinzip" auszurichten. Da ging es nicht, wie heute, um das eine oder andere, was einmal diesem nützlich und jenem schädlich sein mag: da ging es um das Ganze, die Heimat, die Stadt, das „Haus Österreich".

Eigentlich sollte es auch eine große, „flächendeckende" Bürgerinitiative geben, wenn es darum geht, den besten verfügbaren Kandidaten als „Hausvater" des „Hauses Österreich" in die Hofburg zu bringen. Was in diesem Zusammenhang der einen oder anderen Partei abträglich oder zuträglich sein könnte, ist ohne Belang, zählt nicht — hat nicht zu zählen. Freie Bürger — und das sind immer noch alle „Hausgenossen" im „Haus Österreich", weil dieses eine demokratische Republik ist — haben Anspruch darauf, nicht bloß als Parteibuchbesitzer (ab-)gewertet zu werden. Alle in ernstzunehmenden Bürgerinitiativen Tätigen sind darüber hinaus daran interessiert, daß die Position des Ersten Bürgers im Staat von einem Mitbürger eingenommen wird, der ohne parteipolitische Bindungen und Verpflichtungen ihren Anliegen mit echter Aufgeschlossenheit gegenübersteht.

Ein neuer „Österreichischer Weg"

Zu einem „bürgerlichen" Hauptanliegen — Anliegen aller Bürger, nicht nur der „bürgerlichen" — führt der Blick zum Volksgarten mit seinen üppigen Baumkronen hin. Es ist ein „klassischer" Beethovenblick. Beethoven wohnte in seinen frühen Wiener Jahren in einem Haus an der Löwelbastei (heute Palais Montenuovo, Löwelstraße 6) und suchte auch später immer wieder Wohnungen, die ihm einen solchen freien Blick in Natur und Landschaft ermöglichten. Seine Naturliebe, sein tiefer Sinn für die Landschaft und ihre Schönheit beflügelten ihn zu seinen großartigsten Schöpfungen. Auch in dem schönen Lied „An Adelaide", entstanden im Haus an der Löwelbastei, rauschen die Bäume dieses reizvollen Stückes Stadtlandschaft von einst, das durch glückliche Fügung erhalten geblieben ist.

Auf dem Kahlenberg schrieb Beethoven in sein Konversationsheft, das er als Tauber zur Verständigung mit seiner Umgebung benützte, die Worte: „Keiner kann das Land so lieben wie ich." Die Wiener, die Österreicher, sind auf dem Wege, diese Liebe des großen Wahlwieners und Wahlösterreichers, in dessen Musik die Landschaft seiner Wahlheimat mit gewaltiger Kraft aufklingt, für sich wiederzuentdecken. Das ist ein neuer, guter „Österreichischer Weg". Das Land, die Heimat, die Natur bedürfen solcher Liebe und mit ihr aufmerksamen Schutzes und Bewahrens. — Das ist moderner „Konservativismus"!

Umweltschutz, Naturschutz, Lebensschutz sind keine politischen Tageslosungen, die an Wert verlieren, sobald sich der Tag gewandelt hat: Sie sind „Psychologie", wie sie Wildgans fordert: aus der Politik herausgelöst und in die Dimensionen der Schöpfung gehoben. Deshalb kann auch Grünpolitik — leider auch schon wieder ein abgebrauchtes Wort — nicht Angelegenheit einzelner Gruppen oder gar neu auftretender wahlwerbender Parteien sein, die mit ihren Programmen, nur punktuell ausgerichtet, das notwendige Zusammenwirken aller Österreicher zur Erreichung der hohen Ziele kaum herbeiführen können.

Das Grüne ist, um zwei Liedtitel aus Franz Schuberts „Die schöne Müllerin" zu zitieren, eine „Liebe Farbe" und eine „Böse Farbe". Es ist eine „liebe Farbe", wenn es sich quer durch alle politischen Lager, Parteien und Gruppierungen als Grund- und Leitmotiv einer der Natur verpflichteten Gesinnung erstreckt. Es wird zur „bösen Farbe", sobald es Außenseiter für persönliche Karrierewünsche mißbrauchen. Der „Hausvater" im „Haus Österreich" hat auch ein hohes Maß an Mitverantwortung dafür, daß das „Grüne" in der Politik eine „liebe Farbe" bleibt. Diese Verantwortung kommt aus einer moralischen, nicht bloß politischen Verpflichtung. Daher ist auch die „moralische Instanz", die der Bundespräsident verkörpert, für sie zuständig. Derjenige Kandidat, der sich nicht erst, seit „Grün" zum letzten Schrei politischer Moden geworden ist, sondern schon länger — und das gar in internationalen Bereichen — um den Umweltschutz, diesen grenzüberschreitenden Auftrag, gekümmert hat, bietet den grün-motivierten Österreichern aller Lager die beste Gewähr dafür, ein „grüner Hausvater" im „rot-weiß-roten Haus Österreich" zu werden.

Der Volksgarten — unmittelbarer Grünmahner auf dem Heldenplatz — läßt auch wieder einen kulturpolitischen Gedanken aufkeimen: Im Kaffeehaus, dem einstmals berühmten „Cortischen Caféhaus", das noch immer in fast unveränderter Erscheinung ein Stück Biedermeier in die Umwelt von heute hineinverpflanzt, konzertierte in den Vierzigerjahren des vorigen Jahrhunderts Johann Strauß Vater mit seiner Kapelle. Er, der den Besuchern dieses reizenden Altwiener Erholungsraumes zur Promenade und in vorgerückter Stunde auch zum Tanz aufspielte, versäumte nie, seine Darbietungen jeweils mit dem Werk eines der großen Meister einzubegleiten, denen seine Verehrung galt. Einmal war es Beethovens Fidelio-Ouvertüre, dann ein Satz aus einer seiner Symphonien, dann die Meistersinger-Ouvertüre, ein neuer Rossini, Donizetti usw., die alle von seiner Kapelle — bestehend aus den besten Musikern — in hervorragender Qualität vorgetragen wurden. Durch Johann Strauß Vater, den „Schwarzen Dämon der Ballsäle", der aus der Vorstadt kam und in seinen Jünglingsjahren als Straßenmusikant durch die Alleen der heimatlichen Leopoldstadt gezogen war, ist Richard Wagner in Wien überhaupt erst bekannt gemacht worden. — Eine kulturelle Großtat!

Unter ihrem Schutz und Schirm

Über den Baumkronen des Volksgartens und dem griechischen Giebel des Parlaments setzen die Turmspitzen der Piaristenkirche von „Maria Treu" einen zarten, aber bemerkenswerten Akzent ins Panorama der Stadtlandschaft. Dieses Juwel österreichischen Barocks, nach Plänen des Johann Lukas von Hildebrandt geschaffen, gleicht mit seiner konvexen Fassade — einer einmaligen Erscheinung in Wien — einem mächtigen steinernen Schutzschild. Über die ganze Stadt will die Basilika diesen Schild erheben. Und sie scheint auch in besonderer Weise dazu berufen zu sein.

In ihrem herrlichen, im Schmuck der Fresken von Franz Anton Maulpertsch erstrahlenden Raum dirigierte Joseph Haydn am Stephanitag des Jahres 1796 die Uraufführung seiner „Paukenmesse", der „Missa in tempore belli". Napoleon rückte eben mit seiner Armee von Italien her gegen Österreich vor. An der großen Orgel, einer der schönsten und besten in Wien, legte Anton Bruckner vor einer akademischen Kommission seine Organistenprüfung ab. Johann Franz Ritter von Herbeck, Hofoperndirektor und Vorsitzender der Kommission, sprach damals die demütigen Worte, die in die Musikgeschichte eingegangen sind: „Der hätte uns prüfen sollen!"

Die Orgel, ein königliches Meisterwerk des Kremser Orgelbauers Ignaz Gatto des Jüngeren, verlockte auch Franz Liszt, auf ihren Manualen und Pedalen sein sonst vornehmlich dem Klavier gewidmetes Virtuosentum zu erproben. Zu „Maria-Treu“ übte Hofoperndirektor Johann Ritter von Herbeck einige Zeit das Chorregentenamt aus. Er war es, der die Partitur von Schuberts „Unvollendeter“ der Schublade des Schubertianers Joseph Hüttenbrenners entriß und das großartige Werk mit fast vierzigjähriger Verspätung zur Aufführung brachte. In der Basilika der Piaristen stand auch Paul Hindemith zum letztenmal am Dirigentenpult. Am 12. November 1963, wenige Wochen vor seinem Tod, leitete er hier die Uraufführung seiner dem Wiener Kammerchor gewidmeten „Missa“.

Unter den Türmen von „Maria-Treu“ gingen die beiden großen Dichter des „Hauses Österreich“, Anton Wildgans und Max Mell, zur Schule. Eines der schönsten Mell-Gedichte ist leider im Zuge verschiedenen Umdenkens in jüngster Zeit aus den österreichischen Schulbüchern, wo es früher — zu Recht — einen festen Platz hatte, verschwunden. Es beginnt so:

Die Heimat lädt dich ein,
sei zu ihr lieb!
Es könnte einmal sein,
es könnte einmal sein,
daß nichts dir blieb.

Warum dies Verweilen beim „Cortischen Caféhaus“, beim alten Strauß, dem „Unterhaltungsmusiker“, der wußte, daß Unterhaltung auch etwas mit Unterhalt — geistigem nämlich — zu tun hat? Warum dieser Sprung hinüber zur Basilika „Maria-Treu“, zu Haydn und Bruckner, Wildgans und Mell? Weil auch die aktuellen Bezüge, die im Hinblick auf die „Hausvaterwahl" angesprochen werden, jenes „Klima" nicht aussparen können, das hierzulande von einem reichen kulturellen Erbe geprägt ist. In diesem „Klima" spielt sich auch alle Politik ab. Nicht das „Klima" hat auf die Politik, sondern die Politik hätte auf das Klima Rücksicht zu nehmen.

In die Politik kann sich der „Hausvater" des „Hauses Österreich" aufgrund der „Hausordnung" nur in bestimmten Fällen direkt einschalten. Aber das „Klima", das politische, bestimmt er durch sein Auftreten weitgehend mit. Er vertritt das „Haus Österreich" nach außen und nach innen. Und es könnte einmal eine Zeit kommen, da — mit Max Mell gesprochen — „nichts uns blieb..."

Die Zeit ist noch nicht allzuweit entrückt, und die Erinnerung an sie ist für manche Mitbürger noch voll beklemmender Gegenwärtigkeit, da es so weit war: Sogar der tausendjährige Name Österreich wurde ausgelöscht. Das „Tausendjährige Reich" war angebrochen, das — Gott sei Dank! — nach zwölf Jahren zusammenbrach. Der „Hausvater" Bundespräsident muß über allem politischen Widerstreit dafür einstehen, daß das „Haus Österreich" von innen und von außen unversehrt bleibe. Darum steht es ihm auch zu, seine warnende und mahnende Stimme zu erheben, wenn diese Unversehrtheit irgendwie in Frage gestellt erscheint.

Er darf sich nicht scheuen — wie dies nicht selten Parteipolitiker tun —, den Blick auch in die Vergangenheit zu werfen, und zwar dorthin, wo diese nicht glänzend, sondern trüb, nicht freudvoll, sondern leidvoll war. Und er darf kritischen und schonungslosen Analysen nicht ausweichen, auch wenn Sigmund Freud, der Vater der Psychoanalyse, in seinem ersten Brief an Arthur Schnitzler eingestand, daß sie, die Analyse, „nicht eben das Mittel sei, sich beliebt zu machen". Allein das Sichbeliebtmachen ist kein politisches Gebot, schon gar nicht, wenn es gilt, die Vergangenheit für die Zukunft zu bewältigen.

Bei der Wahl des Staatsoberhauptes wäre auch zu erwägen, inwieweit ein Kandidat durch seine größtmögliche Unabhängigkeit (politische Unbestechlichkeit) in der Lage ist, etwas zur „Vergangenheitsbewältigung" ohne parteipolitische Rücksichten beizutragen. Viel wurde zumal im „Österreichjahr" 1985, das dem Jahr der Bundespräsidentenwahl vorausging, von „Vergangenheitsbewältigung" geredet und geschrieben: im Radio, im Fernsehen, in Zeitungen, Zeitschriften und eigens herausgebrachten Büchern. Jedoch: Es wurde und es wird noch viel zu wenig getan.

Österreichischnational, nicht deutschnational!

Eine Rundschau über den Heldenplatz darf ein Nachdenken über die Vergangenheit nicht durch das weitmaschige Netz bequemen Vergessens und Verdrängens fallenlassen. Da ist vieles zu „bewältigen". Auch der Bundespräsident wird daran erinnert, sobald er zum Fenster seines Arbeitszimmers hinausblickt.

Auf dem großen Balkon der Neuen Burg, unter dem goldenen Doppeladler mit der Kaiserkrone, die im Abendsonnenschein wundersam aufleuchtet, wurde das Unheil der sieben bösen Jahren, in denen „nichts uns blieb", vom Wort des Bösen besiegelt. Die österreichische „Vergangenheitsbewältigung" wird erst dann eine vollkommene sein, wenn der Begriff „national" endlich in seine einzig legitime Position hierzulande gerückt ist: ohne „Wenn und Aber", ohne Rückfälle in eine Gesinnung, die Österreich immer nur Unglück gebracht hat. „National" kann in Österreich nur heißen: Österreichischnational, nicht deutschnational!

Dieser Begriff „Österreichischnational" ist so weit gefaßt, daß darin sehr wohl auch alle jene Perspektiven Platz finden, die in den deutschen Kulturraum weisen und an die geschichtlichen Verbindungen rühren, deren Leugnung dem österreichischen Nationalbewußtsein ebenso abträglich wäre wie ein Lösen von jenen Banden, die Österreich mit seinen Nachbarvölkern verbinden. Sie waren einst im gemeinsamen „Haus

Österreich" zu Hause. Der österreichische Nationalbegriff hat auch nichts mit Nationalismus zu tun. Er orientiert sich an einem Dichterwort, das die Schrecken eines ganzen Jahrhunderts vorherwußte: „Von Humanität über Nationalität zur Bestialität" (Franz Grillparzer).

Im Geist dieses Wortes und aus den Erfahrungen, die auf dem Heldenplatz ihren Anfang nahmen, ist auch die österreichische Jugend vor Versuchen zu schützen, sie in eine Vergangenheit zu verstricken, die endgültig überwunden zu sein hätte. Es gibt solche Versuche, wenn auch zur Zeit nur vereinzelt und vorderhand ohne einigermaßen bemerkenswerte Wirkung. Dennoch könnte es zum Verhängnis werden, darüber hinwegzusehen, als wäre nichts geschehen — als geschähe nichts. Die äußeren Umstände, die ernsthafte Einbrüche einstweilen verhindern, könnten sich ändern.

Die österreichische Jugend ist vor Geschichtslügen zu schützen. Sie werden immer wieder bewußt verbreitet. Eine Geschichtslüge ist es zum Beispiel, Auschwitz zu leugnen oder Österreich noch immer als Teil eines größeren Deutschland zu behaupten. Um der geschichtlichen Wahrheit willen ist auch der „Heldenplatzeffekt" vom 15. März 1938 aufzuklären: Damals bejubelten hier einige Zehntausend das Ende Österreichs. Hunderttausende aber beweinten es daheim, hinter geschlossenen Fenstern, hinter heruntergelassenen Jalousien. Tausende litten bereits im Gefängnis und befanden sich auf dem Marsch nach Dachau. Ein guter „Hausvater" im „Hause Österreich" muß auch erster Wortführer dieser wichtigen Aufklärungs- und Bewältigungsarbeit, vor allem gegenüber der Jugend, sein. Sein ganzes politisches Leben — auch sein Verhalten in der eigenen Jugend — sollten ihn für diese wichtige politische und humane Aufgabe legitimieren.

Wien ist nicht die Stadt des Heldenplatzes vom 15. März 1938 allein. Es ist auch die Stadt des 9. April gleichen Jahres. Damals beschwerte sich der „Meldungsleger" vom Balkon der Hofburg („Hiermit melde ich vor der Geschichte den Eintritt meiner Heimat in das Großdeutsche Reich!") über den ihm zu gering erscheinenden Auftrieb jubelnder Wiener während seiner Fahrt zum Wiener Rathaus. — Mag in weniger als einem Monat bereits vielen der Jubel in der Kehle steckengeblieben sein?

Unter dem Rathausmann

Im Wiener Rathaus, dessen Turm mit dem Rathausmann zum Heldenplatz herübergrüßt, saßen große Österreicher auf dem kunstvoll geschnitzten neugotischen Sessel des Wiener Bürgermeisters: Der erste Großstadtbürgermeister Wiens Dr. Karl Lueger, der große „rote“ Bürgermeister der Ersten Republik Karl Seitz und der „General des Wiederaufbaues“ Theodor Körner. Alle drei waren Männer von hervorragenden menschlichen und politischen Qualitäten — allem voran Männer von Mut.

Lueger zeigte Mut und Ausdauer in seinen Auseinandersetzungen als freigewählter „Bürgerkaiser“ der Wiener — vor allem der „kleinen Leute“ — mit Franz Joseph I., dem „Kaiser von Gottes Gnaden“, drüben in der Hofburg. Karl Seitz bewies Mut und Unerschrockenheit in der Verteidigung demokratischer Rechte und beim Schutz von Recht, Sicherheit und Ordnung. Als man ihn, den letzten freigewählten Bürgermeister der Ersten Republik, „autoritär“ seines Amtes enthob, weigerte er sich, seinen Schreibtisch zu verlassen: Er ließ sich wegtragen. Als der Justizpalast in Flammen stand und ein Unrecht das andere tragisch nach sich zog, fuhr er auf einem Spritzenwagen mitten in die aufgebrachte Menschenmenge, um der Wiener Feuerwehr einen Weg zur Brandstätte zu bahnen. Theodor Körner trat mutig und entschlossen für Wien und Österreich gegenüber den Besatzungsmächten auf. Durch diese Art mannhaften —

soldatischen — Behauptens verschaffte sich der einstige Generalstabschef der kaiserlichen Isonzoarmee Respekt bei den fremden Generälen, die nicht immer als „Psychologen“ im Sinne von Anton Wildgans im befreiten, doch noch immer besetzten Österreich vorgingen.

Theodor Körner und sein Nachfolger Franz Jonas — ebenfalls eine hochachtenswerte Persönlichkeit — wurden dann vom Volk, vom „Souverän“, vom Rathaus in die Hofburg hinüber entsandt. Auch der „neue Mann“ im alten — altehrwürdigen — Haus auf dem Heldenplatz sollte ein Mann mit viel Mut sein. Hat er dies schon in schwieriger Lage und sogar unter Einsatz des eigenen Lebens vor aller Welt bewiesen, müßte es außer Frage stehen, ihn durch ein starkes Votum zum „Hausvater“ im „Haus Österreich“ zu machen.

Als Bürgermeister Cajetan Felder für die Errichtung des Neuen Rathauses — die Verwaltung der rapid anwachsenden Stadt hatte die Räume des schönen Alten Rathauses in der Wipplingerstraße längst gesprengt — den Josefstädter Exerzierplatz auf dem ehemaligen Glacis vor der Löwelbastei vorschlug, stieß er zunächst auf den härtesten Widerstand der Militärs und des Kaisers. Ursprünglich war für das Rathaus ein enger Platz an der Ringstraße, gegenüber dem Stadtpark, vorgesehen. Die Wiener nannten diesen Platz spöttisch „Kommunalloch“. Schließlich gelang es dem Bürgermeister doch, eine ungeteilte Zustimmung im Gemeinderat für seinen Plan zu finden, die Militärs zu überspielen und den Kaiser für das Neue Rathaus auf dem heutigen Platz zu gewinnen.

Cajetan Felder war Advokat und ein „Sprachengenie": Zunächst wirkte er als Assistent der diplomatischen Wissenschaften mit französischem Vortrag an der Theresianischen Ritterakademie; dann wurde er gerichtlich beeideter Dolmetsch für Französisch, Spanisch, Portugiesisch, Englisch, Holländisch, Dänisch und Schwedisch. Er beherrschte neben den klassischen Sprachen Griechisch und Latein, denen seine besondere Liebe galt, auch noch Türkisch, Persisch und Arabisch, und das so gut, daß er sich auf seinen Orientreisen ohne Dolmetsch durchschlagen konnte. Die zweite Wiener Volkssprache von einst, das Tschechische, sowie das Ungarische hatte er schon im Kindesalter erlernt.

Der Liberale Felder war der große Wiener Bürgermeister der Gründerzeit. Durch die internationalen Geschäftsverbindungen seiner renommierten Advokaturkanzlei und seine zahlreichen Weltreisen — er plante sogar einmal eine eigene Expedition nach Neuguinea — hat er viel zur Verbreitung und Festigung des österreichischen Ansehens im Ausland beigetragen. Für eine „Neue Gründerzeit" — von manchen nicht ohne begründete Überlegungen herbeigewünscht — wäre ein Mann vom Weltformat des Bürgermeisters Felder der richtige österreichische Bundespräsident.

In der „alten" Gründerzeit wirkte Wien — das „liberale" Wien — wie ein Magnet, der vor allem Künstler anzog: Der Erbauer des Rathauses, Friedrich Freiherr von Schmidt, war in Württemberg geboren worden und kam über Mailand in die Donaumetropole, wo er den Stephansturm in neuer Pracht erstehen ließ, das Rathaus errichtete und seine neugotischen Kirchen in den Kranz der Vororte einsetzte. Gottfried Semper, der gemeinsam mit dem gebürtigen Wiener Carl Freiherr von Hasenauer das Burgtheater und die beiden Museen schuf, stammte aus Hamburg, und Theophil von Hansen, Schöpfer des Musikvereinsgebäudes und des Parlaments, kam aus Kopenhagen.

Ein Schicksalshaus

Tagt im Parlamentsgebäude die österreichische Volksvertretung, wehen zwei rot-weiß-rote Fahnen von den hohen Masten rechts und links der Rampe. Sie ziehen auch den Blick vom Heldenplatz zu jenem Gebäude herüber, in dem so manche für das „Haus Österreich" schicksalshafte Entscheidungen gefallen sind. Wie haben die Österreicher, die Wiener im Frühjahr 1945 doch das Aufleuchten dieser Farben aus dem Grau der zu Ende gegangenen Kriegszeit begrüßt!

Kein halbes Jahrzehnt war seither vergangen, da konnte ein gewisser Fritz Stüber vom Rathausplatz zum Parlament hinüberschmähen: „Wenn die Fetzen draußen hängen, sitzen die Lumpen drin!" So geschehen bei der Gründungskundgebung des sogenannten „Verbandes der Unabhängigen". Niemand zog den Stüber damals für sein niederträchtiges Wort zur Verantwortung. Im Gegenteil: Bald saß er selbst hinter den „Fetzen" bei den „Lumpen" drin. — Auch eine Geschichte — eine traurige — aus dem „Haus Österreich".

Wer einen kleinen Abstecher vom Heldenplatz in den Volksgarten unternimmt, stößt vielleicht auch bis zum Denkmal des „Staatsvertragskanzlers" Julius Raab vor, das gegenüber dem Parlament in das Ringstraßengitter eingefügt ist. Da steht, in Eisen geschmiedet, der Kernsatz des Raab-Testaments: „Alle bitte ich inständig, die rot-weiß-rote Fahne hochzuhalten und unser schönes Österreich als einen Hort der Freiheit zu bewahren."

Ein paar Schritte noch über den Kiesweg des Rosenparketts, und der Spaziergänger befindet sich vor dem gewaltigen Monument des österreichischen Nationaldichters Franz Grillparzer, der gar kein gewaltiger Mann war. Max Mell nennt ihn in seiner Sammlung österreichischer Autobiographien den „zartesten aller Geister". Im Schicksalsjahr 1809, als die Sturmflut des Krieges bis ins Herz des „Hauses Österreich" vordrang, stand Grillparzer als Angehöriger des Wiener Studentenkorps während der Beschießung der Stadt auf der Bastei vor der Hofburg und erlebte das Einschlagen der französischen Brandgranaten in das Palais des Herzogs Albert von Sachsen-Teschen, in dem sich heute die weltberühmte graphische Sammlung „Albertina" befindet. Grillparzers Vater starb im nämlichen Jahr in bitterster Kränkung über den Frieden von Preßburg, durch den ein Drittel der Monarchie an Frankreich verlorenging.

„Es ist ein gutes Land, wohl wert, daß sich ein Fürst sein unterwinde!" So spricht Ottokar von Horneck zu Rudolf von Habsburg in Grillparzers großem österreichischen Nationaldrama. Wie oft wurde diese andere „Rede über Österreich" 1945 bei Festen aller Art von großen Burgschauspielern und kleinen Provinzmimen vorgetragen. Und jedes Mal — unabhängig von der Qualität der Rezitation — rauschte ein Beifallssturm sondergleichen auf.

Das „gute Land", dem sich kein Fürst mehr „zu unterwinden" braucht, bedarf indes dringend der Überwindung kleinlichen Parteienhaders und eines politischen Tones, der sehr zum Schaden des „Hauses Österreich" oft auch im Parlament angeschlagen wird. Wenn auch der frei gewählte „Hausvater" den frei gewählten Mandataren in ihren (notwendigen) politischen Auseinandersetzungen nicht „expressiv verbis" ins Wort fallen kann, so soll er doch allein schon durch seine über den Parteien stehende Person daran erinnern, daß es mehr Verbindendes als Trennendes unter den Bewohnern des „Hauses Österreich" und deren Vertretern im „Hohen Haus" gibt. Dieses Verbindende wurzelt in der Verpflichtung gegenüber dem gemeinsamen „Haus", das nicht ein Theophil Hansen, sondern die österreichische Geschichte für sein österreichisches Volk gebaut hat.

Noch geistert durch den alten Sitzungssaal mit den weißen Statuen römischer Geschichtsschreiber und Historiker ein Echo jener turbulenten Sitzung des Nationalrates vom 4. März 1933, in deren unglücklichem Verlauf die drei Präsidenten Dr. Karl Renner, Dr. Rudolf Ramek und Dr. Sepp Straffner hintereinander ihre Ämter niederlegten und damit das Volk seiner demokratischen Vertretung beraubten. Damals schrieb die „Neue Freie Presse", „daß der Nationalrat derzeit keinen Präsidenten hat und nach dem Wortlaut der Verfassung niemand eine Sitzung einberufen kann, um die Neuwahl des Präsidiums vorzunehmen". Mit der (Selbst-)Ausschaltung des Parlaments nahm ein großes Unheil seinen Lauf. Noch versuchte der damalige Bundespräsident Wilhelm Miklas, die „autoritären" Kräfte einzubremsen und der Rückkehr zu einer demokratischen Politik den Weg zu bahnen. Vergeblich: Seine Mahnungen blieben ungehört.

Der ,,innere Friede", schon die längste Zeit durch den Parteienkampf aufs ärgste bedroht und untergraben, war zerbrochen. Dann war es nur noch eine Frage der Zeit, und das innerlich uneinige Österreich wurde von außen ganz zu Fall gebracht. All diese Rückerinnerungen, die sich angesichts des Parlamentsgebäudes unausweichlich einstellen, führen zu wichtigen Postulaten auch für die Bundespräsidentenwahl hin:

Die Volkswahl ist nicht bloß ein schöner österreichischer ,,Gebrauch". Sie hat ihren tiefen Sinn darin, den Wählern die Möglichkeit zu geben, unabhängig von Parteibindungen zu entscheiden. Hätte der Schöpfer der österreichischen Verfassung solches nicht aus richtiger politischer Überlegung im Sinn gehabt, würde es genügen — und viel öffentlicher Aufwand bliebe damit erspart —, das Staatsoberhaupt einfach von der Bundesversammlung, dem vereinigten Nationalrat und Bundesrat, wählen zu lassen. Dies geschah nur einmal in der Geschichte der Zweiten Republik, und zwar in außergewöhnlicher Zeit: bei der Wahl von Dr. Karl Renner am 20. Dezember 1945.

Wenn auch kein Kandidat ohne die Unterstützung zumindest einer der großen Parteien eine ernstzunehmende Chance hat, gewählt zu werden, scheint es doch im Interesse des ,,Hauses Österreich" wünschenswert, den ,,Hausvater" so wenig als möglich mit einer Partei — gleichgültig welcher — in Verbindung zu bringen. Der Bundespräsident hat über den politischen Parteien zu stehen. Dies bedeutet nicht, daß er ein ,,unpolitischer" Präsident zu sein hätte, der nicht auch bereit wäre, in wichtigen Entscheidungen „Partei" zu ergreifen. Nur dürfte es niemals die „Partei" einer Partei sein.

Das ist die Lehre, die dem Wähler aus diesem österreichischen Schicksalshaus mit auf seinen Weg zur Wahlurne gegeben wird. Ihre Beherzigung kann einiges zur Stärkung des „inneren Friedens" im „Hause Österreich" beitragen. Dieser Friede — Unterpfand auch dessen, was wir als Wohlstand und Wohlfahrt betrachten — war in jüngster Zeit einigen Belastungen ausgesetzt. Daraus ist für die Zukunft zu schließen, daß er als hohes Gut der Allgemeinheit geschützt zu werden hat. Dem Bundespräsidenten fällt hierbei ein gerüttelt Maß an Mitverantwortung zu.

Von Krieg und Frieden

Wie hat es wohl damals, nach den Jahren der Fremdherrschaft und des Krieges, als der innere und äußere Friede dem „Hause Österreich“ wiedergegeben waren, in Wien und auf dem Heldenplatz ausgesehen? Ältere werden sich noch daran erinnern: Unter den Bäumen des Volksgartens, die eben ihr erstes Grün anlegten, waren russische Soldatengräber ausgehoben. Die Rasenflächen rund um die beiden Reiterstandbilder glichen einem Brachfeld. Hier war im letztvergangenen Sommer noch Getreide geerntet worden. Der Prinz Eugen und der Erzherzog Karl waren mit hohen Ziegelwänden ummauert. Das Eck des Bundeskanzleramtes, wo sich das Zimmer befand, in dem Engelbert Dollfuß ermordet worden war, hatte eine Bombe weggerissen. Desgleichen einen Teil des Balkons, von dem einst der Untergang Österreichs verkündet wurde. Damals fühlten — und wußten — es so manche Österreicher: Bald kommt der Krieg. Die graue Masse des ehemaligen Flakturmes in der Stiftskaserne erinnert noch an ihn: Mahnzeichen einer Vergangenheit, über welche die Gegenwart nicht hinwegsehen kann.

Ein Blick, der Neuen Hofburg zugewandt, erreicht die letzte Station dieser Rundschau über den Heldenplatz. Im Konkav der weitausholenden Kollonaden spiegeln sich die letzten Dezennien der alten Monarchie, in denen über so manches die Würfel fielen, was etlichen Generationen zum Schicksal wurde.

1889, im Jahr der Tragödie von Mayerling, die nicht nur anhaltende Auswirkungen auf den Literaturboulevard zeitigte, sondern für das ganze alte Österreich bestimmend war, da in einer kleinen Stadt am Inn der Mann des Bösen, Adolf Hitler, zur Welt kam, wurde mit dem Bau der Neuen Hofburg auf der Seite zum Michaelerplatz hin begonnen. 1913, im Jahr, da sich ein anderer Böser, Josef Stalin, in Wien aufhielt, da der sozialdemokratische Arbeiterführer Franz Schuhmeier, an dessen Begräbnis mehr Wiener teilnahmen als am Begräbnis ihres Kaisers, vom Bruder des christlichsozialen Arbeiterführers Leopold Kunschak, Paul Kunschak, auf dem Perron des Nordwestbahnhofes erschossen wurde, da der Zweite Balkankrieg seinem Höhepunkt zusteuerte und der Verrat sich in der Person des Obersten Alfred Redl selbst richtete, war der große, gegen den Heldenplatz zu ausgreifende Flügel der Neuen Burg nach langer, zäh fortschreitender Bauzeit vollendet.

Die Planer, Gottfried Semper und Carl Hasenauer, erlebten es nicht mehr. Semper war bereits 1879 in Rom verstorben, Hasenauer 1894 in Wien. Das alte Österreich war im letzten Jahrzehnt des verflossenen Jahrhunderts mit Brahms und Bruckner, Johann Strauß, Millöcker und Suppé ins Grab gesunken. Nur der alte Kaiser lebte noch und Eduard Strauß, der jüngste Bruder des „Walzerkönigs", der schöne „Edi", wie ihn die Wiener nannten. Drüben, hinter dem Volksgarten, in seiner noblen Herrschaftswohnung in der Reichsratsstraße verbrannte er in minutiöser Tag- und Nachtarbeit das gesamte Notenarchiv der fast hundertjährigen Straußkapelle. — Finis Austriae! — Bellum ad portas!

Dieser Erste Weltkrieg mit allen seinen Schrecken und Leiden, dem Massentöten in Galizien und in den Karpaten, am Ortler und am Isonzo, mit Giftgas, Luftkampf und Hungersnot doch nur ein schwacher Vorbote des noch viel schrecklicheren Zweiten — der ihm schon nach zwei Jahrzehnten auf dem Fuße folgte —, dieser Krieg, der sich anließ wie eine Frühjahrsparade auf der Schmelz, mit „Gloria Victoria!“ und „In der Heimat, in der Heimat, da gibt's ein Wiederseh'n!“ (wo gäbe es nach einem Dritten Weltkrieg noch ein solches?), dieser Krieg hat die alte, größere Heimat vernichtet. Der letzte Kaiser verließ die Hofburg. Zurück blieb eine Halbeskadron von Offiziersschülern unter dem Kommando eines jungen Ulanenrittmeisters, des späteren Oberregisseurs der Wiener Staatsoper Erich Ritter von Wymetal (auch ein Lebensweg im „Haus Österreich).

Heute ist in der Neuen Hofburg, unter einem Dach mit dem international angesehenen Völkerkundemuseum und dem interessanten Bildarchiv der Österreichischen Nationalbibliothek, noch eine andere Sammlung von Weltruhm untergebracht: die Instrumentensammlung des Kunsthistorischen Museums mit Leihgaben aus dem Besitz der „Gesellschaft der Musikfreunde“. Hier steht Beethovens berühmter Flügel, den er 1803 von dem Pariser Klavierbauer Erard zum Geschenk erhalten hatte und der lange Zeit sein „Hausklavier“ gewesen war, mit dem er von Wohnung zu Wohnung zog. In dieser klingenden Schatzkammer Österreichs befindet sich auch das Klavier von Clara Wieck, das ihr der k. k. Hofpiano- und Klaviermacher Conrad Graf anläßlich ihrer Hochzeit mit Robert Schumann verehrte. Das Instrument kam dann in den Besitz von Johannes Brahms und wurde bei der Wiener Weltausstellung 1873 vorgeführt. Auch ein Schubertflügel zählt zu den Kostbarkeiten der Sammlung sowie ein Tafelklavier, das Josef Haydn gedient hat. Immer wieder kehren große Pianisten aus dem In- und Ausland hier ein, um auf einem dieser Instrumente zu spielen, den Geist ihrer einstigen Besitzer im Klang vergangener Zeiten zu beschwören und ihr Können zu erproben.

Nur eine kurze Wegstrecke liegt zwischen der Instrumentensammlung und jenem Teil der Neuen Burg, wo in den letzten Jahren der Monarchie — schon im Schatten unmittelbar bevorstehender Katastrophen — die glanzvollen Höfbälle und Hoffeste stattfanden. Heute bieten sich die repräsentativen Räume als Tagungsort für internationale Kongresse an. Die Hoffnung scheint begründet, daß die Vertreter aus den verschiedensten Ländern, die sich hier einfinden, für ihre Arbeit im Dienste des Friedens und der Verständigung auch so manche Inspiration vom „Genius loci" empfangen. Dieser war seit je Träger jener „Österreichischen Idee", die eine Idee des Ausgleichs und der Versöhnung — eine Friedensidee ist.

Heimat bist du großer Söhne...

Eine direkte Linie weist auch von der rot-weiß-roten Fahne mit dem österreichischen Staatswappen auf dem Dach des Leopoldinischen Traktes zum Spalier der vielen Fähnchen der Mitgliedsländer der Vereinten Nationen hinüber, das die Fassade des Kongreßzentrums in lebhafter Buntheit schmückt. Über dem Portal weht meist die Flagge der UNO mit der weißen Weltkugel in leuchtendem Blau: Farbe des ,,Blauen Planeten". Daß gerade ein Österreicher — Kurt Waldheim — ein Dezennium hindurch, randvoll ausgefüllt mit Krisen, die den ,,Blauen Planeten" in die Gefahrenzone eines Atomkrieges brachten, den Vereinten Nationen und in ihnen dem Frieden an höchster Stelle die wertvollsten Dienste geleistet hat, darf als bedeutender Beitrag zur Gegenwartsgeschichte des ,,Hauses Österreich" vermerkt werden. Vielleicht hat auch dieses Wirken dazu beigetragen, daß aus Wien die ,,dritte UNO-Stadt" wurde.

Ein gleichfalls um Frieden und Gerechtigkeit hochverdienter, wirklich ,,hervorragender Österreicher", Caritasprälat Leopold Ungar, schreibt in seinem Beitrag zu einem Buch über politisches Nachdenken: ,,Die Beherbergung von UNO-Organisationen und das Fördern internationaler Begegnungen trägt zur Verhinderung militärischer Angriffe mehr bei, als etwa der Ankauf von Abfangjägern." Der Gedanke, der vielleicht nicht ganz die Zustimmung der Strategen findet, führt auf seine Weise wieder zum ,,Hausvater" des ,,Hauses

Österreich“ hin: Ein Österreicher an der Spitze des Staates, der in der Welt Anerkennung gefunden hat und sich im Labyrinth der Weltpolitik zurechtfindet, ist gewiß auch ein Sicherheitsfaktor, der Beachtung verdient.

Welch ein gutes Verhältnis zwischen den Völkern ein „Mann von Welt“, ein guter Diplomat aus Österreich, vor nunmehr fast einem halben Jahrtausend zustande gebracht hat, läßt sich aus der Lebensgeschichte des berühmten Freiherrn Siegmund von Herberstein herauslesen. Auf zahllosen Gesandtschaftsreisen kam er in viele Länder Europas, darunter zweimal (1516 und 1526) nach Rußland. Er war es, der erstmals genaue, schriftlich aufgezeichnete Kunde von dem geheimnisvollen Land im Osten nach dem Westen vermittelte. Sein Buch „Moskowia“ mit einer Fülle spannender Berichte wird auch in Rußland selbst als wertvoller Beitrag zur eigenen Geschichtsschreibung geschätzt. Es erschien zunächst 1549 in lateinischer Sprache und sodann, acht Jahre später, in eigener Eindeutschung durch den Verfasser in Wien.

Als die sowjetischen Truppen 1945 in die Steiermark einrückten, wurde das Stammschloß der Herberstein auf höchsten Befehl sofort unter besonderen Schutz gestellt. Ein an eine bestimmte Person geknüpftes Friedens- und Verständigungswerk des sechzehnten Jahrhunderts hat sich in einer Bedrängnis des zwanzigsten wenigstens für einen kleinen Teil des „Hauses Österreich“ als nützlich erwiesen. Um wieviel mehr könnte (und würde) das Ansehen eines hervorragenden Österreichers und Friedensarbeiters unserer Tage für das ganze „Haus“ und seine Einwohner von Nutzen sein, sollte er an dessen Spitze berufen werden?

Dem „Haus Österreich“ kommt in der Position als neutraler Staat eine nicht gering zu schätzende Bedeutung im Ringen um die Erhaltung des Weltfriedens zu. Die „Neutralen“ sind ein wichtiger Teil der großen, weltumspannenden Friedensbewegung, die längst alle Gemarkungen partieller Initiativen gesprengt hat. Ihre Stimme gewinnt im Konzert der Völker zunehmend an Gewicht. Der „Hausvater“ im „Friedenshaus Österreich“ kann durch sein persönliches Wirken einiges dazu beitragen, ihr noch mehr Gehör zu verschaffen.

Die Stimme Österreichs, die er vor der Welt vertritt, ist das „Und es ward Licht“ aus Haydns „Schöpfung“, Mozarts „Ave verum“, Beethovens „Freude, schöner Götterfunke“ und Schuberts inniges „Dona nobis pacem“ aus der Messe in G. All diese Klänge vereinigen sich zum stärksten und schönsten Friedensruf, der von Österreich an die Welt ergeht.

Ludwig van Beethoven, der seine wesenhafte Verbundenheit mit der Natur, mit der österreichischen Landschaft in die Worte faßte: „Keiner kann das Land so lieben wie ich ...“, hat auch noch ein anderes in sein Konversationsheft geschrieben: „Ruhe und Freiheit sind die höchsten Güter.“ Er, der Ruhelose, aus dessen Ruhelosigkeit soviel Großes, Beglückendes, Befreiendes für die Menschen erwuchs, er, der Weltbürger des Kosmos, der Kämpfer und Künder politischer Freiheit, wird das Wort „Ruhe“ gewiß nicht mißdeutbar und aus kleinbürgerlicher Idyllensehnsucht gebraucht haben. Es bedeutete für ihn nichts anderes als Frieden.

Frieden und Freiheit sind die höchsten Güter. Sie sollen dem ,,Haus Österreich" erhalten bleiben. Ein guter ,,Hausvater" möge sich dafür mit allen seinen Kräften einsetzen. Den ,,Hausbewohnern" ist es mit ihrem Stimmzettel in die Hand gegeben, den Besten für das ,,Haus Österreich" zu bestimmen...

Der Autor

Prof. Kurt Dieman, geboren 1923 in Wien, aufgewachsen im Hause des Großvaters, eines altösterreichischen Generals, im katholischen Widerstand aktiv, studierte am Konservatorium der Stadt Wien, am Mozarteum in Salzburg und an der Wiener Musikhochschule. Sänger, Fernsehregisseur, Buchautor und freier Publizist; ständiger Mitarbeiter in Radio, Fernsehen und Presse. Bücher: „Musik in Wien" (1970); „Wiener Veduten" (1972); „Magna Mater Styriae" (1977); „Ludwig van Beethoven" (1978); „ORF — Hintergründe und Abgründe" (1978); „Ich sehe rot" (1979); „Schrammelmusik" (1980); „Zwischen Häusern und Zeiten" (1981); „Ich sehe grün" (1983); „Steirische Gedichte" (1985).

Friedrich Heer

DER KAMPF UM DIE ÖSTERREICHISCHE IDENTITÄT

Mit der Frage „Was ist Österreich, wer ist Österreicher?" beschäftigt sich ausführlich Friedrich Heer, indem er die rund tausend Jahre österreichischer Geschichte unter spezifisch geistes- und kulturgeschichtlichen Aspekten vor uns abrollen läßt. Der besondere Reiz dieser Darstellung liegt in dem Aufzeigen von landläufig wenig bekannten Zusammenhängen und oft verblüffenden Parallelabläufen in der Geschichte.

Pressestimmen:

„..Mit diesem neuen Werk nun schuf er eine großartige Apologie, eine Verteidigungsschrift, die allen Gegnern Österreichs in die Knochen fahren kann..." Willi Lorenz in „Die Wochenpresse", Wien

„...Dem deutschen Leser führt dieses wortmächtige und mit nie nachlassendem rednerischem Pathos geschriebene Werk eine Wirklichkeit vor Augen, von der er immer noch zu wenig weiß..."
Friedrich Weigend im „ORF"

562 Seiten. Ln. ISBN 3-205-07155-7

William M. Johnston

ÖSTERREICHISCHE KULTUR- UND GEISTESGESCHICHTE

Gesellschaft und Ideen im Donauraum 1848–1938

Aus dem Amerikanischen von Otto Grohma. Mit einem Geleitwort von Friedrich Heer.

Jene 90 Jahre vom Sturmjahr 1848 bis 1938, als „fröhliche Apokalypse" bezeichnet, in der die Welt des Habsburgerreiches zerbrach und die Donaumonarchie sich in ihre Nachfolgestaaten auflöste, bilden den Bezugsrahmen dieses in den Vereinigten Staaten mit dem „Austrian History Award" ausgezeichneten Buches. Es liegt hier ein Werk vor, das jeden Österreicher anregen mag, sich mit dem reichen kulturellen Erbe seiner Heimat auseinanderzusetzen.

So urteilt die Presse über dieses Buch:

„Es gibt Bücher, die schon dadurch bemerkenswert sind, daß sie geschrieben wurden. Dieses hier, eine Kultur- und Geistesgeschichte seit der Mitte des vorigen Jahrhunderts, gehört dazu. Es ist nichts Geringeres als der Versuch, ein von den Weltuntergängen dieses Jahrhunderts nahezu verschüttetes kulturelles Wirkungsfeld von nachhaltiger Eindringlichkeit zu lokalisieren und zu vermessen." Frankfurter Allgemeine Zeitung

504 Seiten. Ln./Br. ISBN 3-205-00017-X

VERLAG BÖHLAU WIEN · KÖLN · GRAZ

Friedrich Heer

AUSGESPROCHEN

Dokumente zu Alltag, Politik und Zeitgeschichte, herausgegeben von Franz Richard Reiter, Band 2.

Das letzte, vom Autor persönlich redigierte Buch, das die Persönlichkeit des österreichischen Historikers Friedrich Heer nochmals als einen Denker von europäischem Format präsentiert. Das Buch beinhaltet die Antworten Heers auf Fragen des Wiener Rundfunkjournalisten Franz Richard Reiter.

Die Themen:

Glück, Mystik, Leid, Tod, Frieden, Zukunft, Fortschritt, Wahrheit, Lebenskraft u. a. m.

„Ein Vermächtnis des großen Toten zu den ‚letzten' Dingen: geistvoll, dramatisch, hart."

Kurier, Wien

1983. 2. Auflage 1985. 13 x 20,5 cm. 98 Seiten. Broschiert.
ISBN 3-205-07091-7.